DIREITO SOCIETÁRIO

Publicações dos autores

Themístocles Pinho

- Manual Prático do Registro do Comércio (Ed. Freitas Bastos – 1977) em coautoria com José de Segadas Vianna;
- Princípios da Seguridade Social do Advogado (CAARJ – 1983);
- O Novo Registro Público das Empresas Mercantis (Ed. Freitas Bastos – 2000) em coautoria com Álvaro Peixoto;
- A Reforma da Lei das S.A. (Ed. Freitas Bastos – 2002, e 2ª Edição – 2004) em coautoria com Álvaro Peixoto;
- As Empresas e o Novo Código Civil (Ed. Freitas Bastos – 2004) em coautoria com Álvaro Peixoto;
- Protesto de Títulos e outros Documentos de Dívida: Princípios, Funcionamento e Execução (Ed. Freitas Bastos – 2007) em coautoria com Ubirayr Ferreira Vaz;
- O Registro Público das Empresas Mercantis – Sua nova visão – Inovações – Aplicações Práticas (Ed. Freitas Bastos – 2013) em coautoria com Álvaro Peixoto.

Álvaro Peixoto

- O Novo Registro Público das Empresas Mercantis (Ed. Freitas Bastos – 2000) em coautoria com Themístocles Pinho;
- A Reforma da Lei das S.A. (Ed. Freitas Bastos – 2002, e 2ª Edição – 2004) em coautoria com Themístocles Pinho;
- As Empresas e o Novo Código Civil (Ed. Freitas Bastos – 2004) em coautoria com Themístocles Pinho;
- O Registro Público das Empresas Mercantis – Sua nova visão – Inovações – Aplicações Práticas (Ed. Freitas Bastos – 2013) em coautoria com Themístocles Pinho.

Themístocles Pinho

Álvaro Peixoto

DIREITO SOCIETÁRIO

Reflexos da Lei da Liberdade Econômica na Lei do Registro do Comércio

Freitas Bastos Editora

Copyright © 2020 by
Themístocles Pinho e Álvaro Peixoto

Todos os direitos reservados e protegidos pela Lei 9.610, de 19.2.1998.
É proibida a reprodução total ou parcial, por quaisquer meios, bem como a produção de apostilas, sem autorização prévia, por escrito, da Editora.

Direitos exclusivos da edição e distribuição em língua portuguesa:

Maria Augusta Delgado Livraria, Distribuidora e Editora

Editor: *Isaac D. Abulafia*
Revisão: *Madalena Moisés*
Capa e Diagramação: *Jair Domingos de Sousa*

DADOS INTERNACIONAIS PARA CATALOGAÇÃO
NA PUBLICAÇÃO (CIP)

P654d

Pinho, Themístocles

Direito Societário: reflexos da lei da liberdade econômica na lei do registro do comércio / Themístocles Pinho, Álvaro Peixoto. – Rio de Janeiro : Freitas Bastos, 2020.

208 p. ; 23 cm.

ISBN: 978-65-5675-000-2

1. Direito Societário. 2. Direito Comercial. 3. Atividades mercantis.
I. Peixoto, Álvaro. II. Título.

2020-491   CDD 346.07   CDU 347.7

Freitas Bastos Editora

Tel. (21) 2276-4500
freitasbastos@freitasbastos.com
vendas@freitasbastos.com
www.freitasbastos.com

AGRADECIMENTOS

Quase como regra, os livros tem uma dinâmica de apresentação, onde se destacam os agradecimentos como sua peça primeira.

Assim, ao trazermos a público mais um livro envolvendo temas atuais e por vezes controvertidos, num campo do direito sempre em constante evolução, pensamos a quem dedicar estes agradecimentos, além da sempre lembrada Gilda e a querida Ana, que nunca nos faltaram com seu entusiasmo e estímulo.

E, nos pareceu oportuno, que estes agradecimentos deveriam ser dedicados a VOCÊ LEITOR, que aceitou repartir as ideias e conhecimentos que procuramos transmitir nesta mais recente obra, resultado de trabalho nascido de controvérsias sob temas variados no campo do Direito Societário e sob a inspiração dos novos e recentes procedimentos lançados ao mundo empresarial brasileiro, em particular, através da "Lei de Liberdade Econômica", sobre a qual, caberão aos seus aplicadores oferecer e orientar caminhos para aqueles a quem tais regramentos se destinam, permitindo com suas ideias e conhecimentos, uma natural e necessária exegese oferecendo o rumo adequado ante a tão vasta alteração, como a ora proposta em vários campos do Direito.

Assim, como forma de demonstrar nosso apreço e profundo agradecimento, nos permitimos lembrar as sábias e oportunas palavras de Monteiro Lobato, Mestre da Literatura Brasileira, pois:

"QUEM ESCREVE UM LIVRO CRIA UM CASTELO,

QUEM O LÊ MORA NELE."

Themístocles Pinho e Álvaro Peixoto

APRESENTAÇÃO

Após o lançamento de nosso livro "O Registro Público das Empresas Mercantis – Sua nova visão – Inovações – Aplicações Práticas", diversas modificações tem ocorrido no Direito Societário, particularmente em nosso País, com destaque as relacionadas com as sociedades empresariais, a Lei nº 8.934, de 10 de novembro de 1994, mais recentemente a sanção da Lei nº 13.873, de 20 de setembro de 2019 e as normas administrativas, oriundas das Instruções Normativas editadas pelo DREI – Departamento Nacional de Registro Empresarial e Integração. Assim, nos pareceu oportuna uma nova incursão sobre o assunto, através deste livro, que procura atualizar de forma sistemática diversas atividades deste ramo do Direito Comercial.

O livro é representado por cinco capítulos que, podem assim serem resumidos:

O Primeiro Capítulo dedicado às SOCIEDADES EMPRESARIAIS, seguindo a dinâmica adotada pelo Código Civil, trata da Sociedade em Conta de Participação, Sociedade Simples, Sociedade em Nome Coletivo, Sociedade em Comandita Simples, Sociedade Limitada, nas três hipóteses hoje praticadas: Sociedade por Quotas de Responsabilidade Limitada, Empresa Individual de Responsabilidade Limitada-EIRELI e a Sociedade Limitada Unipessoal, Sociedade Anônima e Sociedade Cooperativa, além da sociedade de Propósito Específico e a Empresa Simples de Crédito, estas últimas reguladas por regras especiais, também estando incluídas a Micro Empresa (ME) e a Empresa de Pequeno Porte (EPP), que apesar de não se enquadrarem como sociedades, resultam de aspectos fiscais e de grande utilização.

O Segundo Capítulo trata de alguns ASSUNTOS RELEVANTES do Direito Societário, transmitindo sobre os temas abordados, além da nossa opinião, também a melhor doutrina e jurisprudência no momento, com destaque às manifestações do Superior Tribunal de Justiça consolidadas em três de suas Súmulas, concluindo com a atenção sobre dois sistemas hoje de aplicação obrigatória no registro e formalização de empresas nas Juntas Comerciais, qual sejam o REDESIN no âmbito federal e o REGIN no Estado do Rio de Janeiro.

O Terceiro Capítulo cuida especificamente das REPERCUSSÕES DA LEI Nº 13.874/2019 (Lei da Liberdade Econômica), NA LEI Nº 8.934/1994 (Lei do Registro Público das Empresas Mercantis e Atividades Afins), com destaque para suas consequências objetivas em relação aos atos submetidos à formalização nas Juntas Comerciais.

O Quarto Capítulo, cuidou da PARTE PRÁTICA do livro, oferecendo sugestões de atos constitutivos referentes ao Empresário, a Sociedade de Responsabilidade Limitada, a Empresa Individual de Responsabilidade Limitada-EIRELI, a Sociedade Limitada Unipessoal, a Sociedade Anônima, a Sociedade Cooperativa e a Sociedade de Propósito Específico. Incluindo ainda, a forma como a Junta Comercial do Estado do Rio de Janeiro vem adotando no recebimento dos processos, a partir das orientações determinadas pelo DREI, hoje órgão máximo disciplinador do Registro Público de Empresas Mercantis e Atividades Afins em todo o Brasil.

Finalmente, o Quinto Capítulo oferece aos leitores a íntegra atualizada da lei nº 8.934/1994 e da lei nº 13.873/2019, além da indicação das Instruções Normativas editadas pelo DREI, que regulam execução desta nova e um breve enunciado de cada uma delas.

Finalmente, destacamos que, no transcurso da elaboração deste livro ante a pluralidade dos temas e informações a serem trazidos num campo tão vasto de assuntos, nos levaram a adotar um critério seletivo e o mais objetivo possível, tendo a sua escolha sempre recaído numa forma clara e prática, com a inclusão de opiniões de reconhecidos Mestres do Direito, que lhes dão embasamento.

Os Autores

PREFÁCIO

É com alegria indescritível que faço o prefácio desta obra, convidado pelos autores: Dr. Themístocles Pinho e Dr. Álvaro Peixoto.

Dr. Themístocles é atuante em matéria de Registro Público de Empresas Mercantis, sendo na Junta Comercial do Estado do Rio de Janeiro por muitos anos, Assistente do Presidente e Assessor Técnico até a fusão dos Estados, e na atual Junta Comercial, Vogal representante da Ordem dos Advogados do Brasil, Seção do Rio de Janeiro, Assistente da Presidência e integrante da Procuradoria Regional; serviu durante décadas como prestigiado membro do corpo de Assistentes Jurídicos deste Estado. Membro do Instituto dos Advogados Brasileiros, integrante da Comissão Permanente de Direito Empresarial, atua constantemente como advogado em assuntos de direito societário e em processos nas Juntas Comerciais, com competência e saber jurídico em defesa de seus clientes.

O Dr. Álvaro estudioso e atuante há mais de 60 anos em matéria de Registro Público de Empresas e desde a criação das Juntas Comerciais, tendo ocupado, entre outros cargos, o de Diretor Geral e Assessor Técnico da Junta Comercial do antigo Estado do Rio de Janeiro, Secretário Geral da Junta Comercial do Estado do Rio de Janeiro, Vogal Vice Presidente e Corregedor, Vogal por muitos anos. Atualmente é Supervisor da 24ª Delegacia da JUCERJA.

Foi na qualidade de Vogal da 6ª Turma da Junta Comercial do Estado do Rio de Janeiro (JUCERJA) que tive o prazer da convivência nos julgamentos colegiados e nas sessões plenárias, juntamente com Armando Salgado, outra pessoa amiga, de grande competência, representando a Firjan por quase quatro anos.

Vale lembrar, que além de notável advogado Dr. Álvaro é contador.

Ambos rotarianos, autores de livros de grande importância e utilidade. São livros de doutrina, de estilo próprio: opiniões precisas, práticas e abordando aspectos atuais, inovadores, muitas vezes pouco comentados apesar da relevância jurídica e registral.

A obra anterior destes batalhadores: "O Registro Público das Empresas Mercantis. Sua nova visão. Inovações. Aplicações Práticas" foi um grande sucesso. É praticamente meu livro de cabeceira e seu lançamento foi na Associação Comercial do Rio de Janeiro. Minha alegria foi imensa com o lançamento do referido livro ocasião em que exercia a Vice Presidência Jurídica daquela entidade e os autores palestraram sobre os assuntos do livro.

Este novo livro não foge da visão anterior. O direito se modifica. Leis são alteradas. A Doutrina, fonte importante do direito, deve refletir estas alterações. E rapidamente. E isto é feito nesta obra.

Parte importante deste livro é a atualização. As alterações promovidas pela Lei 13.874/2019, conhecida como "Lei da Liberdade Econômica". Apesar de bastante recente, os comentários feitos demonstram a eficiência dos autores. As Instruções do "Departamento Nacional de Registro Empresarial e Integração (DREI)", inclusive sobre a recente Lei, estão aqui demonstradas e examinadas.

Na apresentação da obra encontramos seu escopo: a) os diversos tipos societários, inclusive espécies que fazem parte de um tipo como a EIRELI e a novíssima SOCIEDADE LIMITADA UNIPESSOAL, além de sua utilização como, por exemplo, a sociedade de propósito específico, a Micro Empresa (ME) e a Empresa de Pequeno Porte, cuja caracterização e utilização resultam mais dos seus aspectos fiscais; b) especial atenção é dada aos requisitos do registro cuja observância é de suma importância para agilidade no registro e a prevenção de erros como a aplicação dos dois sistemas hoje de aplicação obrigatória no registro e legalização de empresas, qual sejam o REDESIN no âmbito federal e REGIN no Estado do Rio de Janeiro; c) a Lei nº 13.874/2019 – Lei da Liberdade Econômica e sua repercussão na Lei nº 8.934/1994 – Lei do Registro Público das Empresas Mercantis e Atividades Afins, e, especialmente, suas consequências objetivas em face aos atos submetidos às Juntas Comerciais; d) importante parte prática, oferecendo um guia confiável para os diversos atos de arquivamento e registro dos diversos tipos societários a sugestões de atos de empresários e sociedades, com ênfase para a forma que vem sendo aplicada pela Junta Comercial do Estado do Rio de Janeiro e que, certamente, de forma semelhante ocorrem com as demais Junta Comerciais; e) a íntegra da legislação atualizada representada pelas leis nº 8.934/1994 e nº 13.873/2019, e as Instruções Normativas editadas pelo DREI e que se refletem nesta obra.

O pensamento dos autores é coincidente com o meu no que considero mais importante quanto à interpretação das normas jurídicas: a função social e o interesse do bem comum como orientação dirigida ao intérprete. Este norte é fornecido pela Lei de Interpretação das Normas Jurídicas do Direto Brasileiro, consubstanciada pelo seu artigo 5º:

> "Art. 5º: *Na aplicação da lei, o juiz atenderá aos fins sociais a que ela se dirige e às exigências do bem comum*".

Pois bem, a presença da função social da sociedade e sua importância para o bem comum é ressaltada no livro, não somente com a demonstração deste fato pelo artigo 116 da Lei 6404/1976, parágrafo único:

> "Art. 116.
>
> *Parágrafo único. O acionista controlador deve usar o poder com o fim de fazer a companhia realizar o seu objeto e cumprir sua função social, e tem deveres e responsabilidades para com os demais acionistas da empresa, os que nela trabalham e para com a comunidade em que atua, cujos direitos e interesses deve lealmente respeitar e atender.*"

Esta importância é demonstrada também pelas definições da Lei 11.101, Lei de Falência de Recuperação de Empresas, com manifestação do Conselho de Justiça Federal, durante a I Jornada de Direito Civil, que editou o enunciado 53, Direito da Empresa – art. 966, C. Civil, que determina: "Se deve levar em consideração o princípio da função social na interpretação das normas relativas à empresa, a despeito da falta de referência expressa" e a melhor doutrina, representada entre outros por Fabio Konder Comparato.

Mas não é só. A autonomia patrimonial da sociedade é um dos principais, senão o mais importante princípio, do direito societário. As diversas e recentes leis visam defendê-la cada vez mais estabelecendo limites para desconsideração da personalidade jurídica.

A desconsideração da personalidade jurídica é tratada com abrangência com indicação dos relevantes limites, tanto no Novo Código de Processo Civil, como no Código Civil, como na doutrina, na jurisprudência e na Lei 13.874/2019 – Lei da Liberdade Econômica – com os seus reflexos nos diversos campos de atividade do empresário e da sociedade empresária, inclusive com incursão no direito do trabalho e no direito tributário.

A tormentosa intepretação a respeito da correta natureza jurídica do inventário e do espólio vis-à-vis a sucessão também é examinada.

Não foi esquecida a responsabilidade tributária dos administradores, corretamente equacionada. As interpretações equivocadas sobre sua natureza com desrespeito à autonomia patrimonial mesmo na inexistência de violação da lei, do contrato social e de ação dos administradores afasta o investimento com repercussões danosas à economia, ao emprego e certamente ao princípio da autonomia patrimonial.

Repita-se é uma obra que não pode faltar e deixar de ser lida e consultada frequentemente pelos que se interessam pelo direito societário e registral.

Vale a pena salientar que o vogal que exercer o julgamento singular deve demonstrar conhecimentos de direito empresarial e registral. E este é o assunto do livro.

Com os agradecimentos aos autores

Corintho de Arruda Falcão Filho
Vogal da Junta Comercial do Estado do Rio de Janeiro, Mestre em Direito (LLM) pela Harvard Law School (1972), ex professor de Direito Societário e Tributário da Universidade Candido Mendes, Univercidade por mais de 10 (dez) anos, e Tributário e Financeiro da UFRJ, (1977 a 1979)

SUMÁRIO

Agradecimentos..V
Apresentação..VII
Prefácio..IX

Capítulo I
NOÇÕES SOBRE AS SOCIEDADES EMPRESÁRIAS......................1

Introdução..1
Sociedade em Conta de Participação..2
Sociedade Simples...3
Sociedade em Nome Coletivo...6
Sociedade em Comandita Simples...8
Sociedade Limitada...10
    Sociedades limitadas típicas reguladas pelo Código Civil............12
    Empresas Individuais de Responsabilidade Limitada (EIRELI).....15
    Sociedades Limitadas Unipessoais..17
Sociedade Anônima...21
Sociedade em Comandita por Ações..22
Sociedades Cooperativas..24
Sociedades Coligadas...26
Sociedade de Propósito Específico..27
Empresa Simples de Crédito – ESC...29
A Microempresa (ME) e a Empresa de Pequeno Porte (EPP).......30

Capítulo II
ASSUNTOS RELEVANTES 33

O Empresário 33
Posição dos Herdeiros Antes do Inventário. 36
O Espólio na Sociedade Limitada 39
A Função Social da Empresa 42
O Princípio da Preservação da Empresa 46
O Conselho Fiscal na Sociedade por Cotas de Responsabilidade
Limitada 48
Destituição de Administradores e Exclusão de Sócio
de Sociedade Limitada 50
O Registro de Filial de Sociedade no Registro Público
de Empresas 53
A Desconsideração da Personalidade Jurídica 55
A REDESIM – A Rede Nacional para a Simplificação do
Registro e da Legalização de Empresas e Negócios 58
O REGIN – O Sistema de Registro Integrado 61
Operações Societárias 61
    Transformação, Incorporação, Fusão, Cisão 61
    Conversão de Sociedade Simples em Sociedade Empresária
    e vice-versa 70
Registro Automático de Atos Societários 72
Destaques do Superior Tribunal de Justiça 74
    Responsabilidade do Sócio-Gerente – Súmula 430 74
    Dissolução Irregular da Sociedade – Súmula 435 77
    Responsabilidade em Sucessão Empresarial – Súmula 554 83

Capítulo III
REFLEXOS DA Nº 13.874/2019 NA LEI Nº 8.934/1994 87

A Lei nº 13.874/2019 (Lei da Liberdade Econômica) e a sua repercussão na Lei nº 8.934/1940 1994 (Registro Público de Empresas Mercantis e Atividades Afins)..87

Introdução..87

Alterações da Lei nº 8.934/1994 (Lei do Registro Público de Empresas Mercantis e Atividades Afins) feitas pela Lei nº 13.874/2019 (Lei da Liberdade Econômica) 90

Capítulo IV
PROCEDIMENTOS NA PRÁTICA 107

Como preparar seu processo na JUCERJA.. 107
Modelos de Atos Societários.. 109
    Requerimento de Empresário 110
    Sociedade por Quotas de Responsabilidade Limitada. 112
    Empresa Individual de Responsabilidade Limitada – EIRELI..... 115
    Sociedade Limitada Unipessoal 119
    Sociedade de Propósito Específico... 121
    Sociedade Anônima 126
    Sociedade Cooperativa 136

Capítulo V
LEGISLAÇÃO ATUALIZADA EM DESTAQUE 146

Lei nº 8.934, de 18 de novembro de 1994.. 155
Lei nº 13.874, de 20 de setembro de 2019 170

Instruções Normativas do DREI

– nº 35, 03/03/2017: Disciplina do arquivamento de transformação, incorporação, fusão e cisão (alterada pelo IN-DREI nº 69/2019 154

– nº 38, 02/03/2017: Institui os Manuais de Registro de Empresário Individual, Sociedade Limitada, Empresa Individual de Responsabilidade Limitada – EIRELI, Cooperativa e Sociedade Anônima 154

– nº 54, 17/01/2019: Trata da destituição de Administradores e Sócios Minoritários 154

– nº 62, 10/05/2019: Dispõe sobre o Registro Automático 154

– nº 63, 11/06/2019: Fixa regras sobre Sociedade Limitada Unipessoal 154

– nº 66, 06/08/2019: Trata da abertura, alteração, transferência e extinção de Filial 154

– nº 67, 30/09/2019: Altera o Manual de Registro de Sociedade Anônima 154

– nº 68, 07/10/2019: Especifica a Tabela de Preços dos Serviços 154

– nº 69, 18/11/2019: Altera Manuais de Registro de Empresário Individual, Sociedade Limitada, Empresa Individual de Responsabilidade Limitada – EIRELI, Cooperativa e Sociedade Anônima 155

REFERÊNCIAS 191

Capítulo I

NOÇÕES SOBRE AS SOCIEDADES EMPRESÁRIAS

Introdução

Várias são as definições da sociedade empresária, porém preferimos definir como: a reunião de pessoas físicas ou jurídicas que têm como objetivo principal exercer uma atividade econômica de maneira profissional e que seja organizada para a produção e comercialização de bens ou serviços, visando ao lucro.

O Código Civil define a sociedade empresária, salvo exceções expressas, como a que tem por objeto o exercício de atividade própria de empresário sujeita a registro, e simples as demais (art. 982 – Código Civil), e as divide em sociedade não personalizada (arts. 986 a 990) e as personalizadas (arts. 997 e seguintes). As primeiras com existência enquanto não inscritos os seus atos constitutivos no órgão competente, observada a exceção para as sociedades anônimas, respondendo todos os sócios solidária e ilimitadamente pelas obrigações sociais; e as segundas constituem-se mediante contrato escrito, particular ou público, mediante cláusulas estipuladas pelas partes, além daquelas definidas nos itens I a VIII do art. 997 do Código Civil.

As sociedades empresariais personalizadas são formadas de diversos tipos, cabendo a sua escolha aos que pretendem constituí-las, de acordo com os objetivos, forma de funcionamento e responsabilidades dos que se associam, a que passamos a nos referir, observada a sequência como foram tratadas pelo Código Civil, além de rápidos comentários que, embora não ligados diretamente ao tema, a ele se ajustam, como parte do direito societário no Brasil, e a seguir tratadas.

– Sociedade em Conta de Participação

– Sociedade Simples

- Sociedade em Nome Coletivo
- Sociedade em Comandita Simples
- Sociedade Limitada
- Por Quotas de Responsabilidade Limitada
- Empresa Individual de Responsabilidade Limitada (EIRELI)
- Limitada Unipessoal
- Sociedade Anônima
- Sociedade em Comandita por Ações
- Sociedades Cooperativas
- Sociedades Coligadas
- Sociedade de Propósito Específico
- Empresa Simples de Crédito
- Microempresa (ME) e Empresa de Pequeno Porte (EPP)

Sociedade em conta de participação

A sociedade em conta de participação é uma sociedade empresária que vincula internamente os sócios. É composta por duas ou mais pessoas, sendo que uma delas necessariamente deve ser empresário ou sociedade empresária, regulando-se pelos arts. 991 a 996 do Código Civil.

Na sociedade em conta de participação, a atividade constitutiva do objeto social é exercida unicamente por um sócio, denominado de "sócio ostensivo", em seu nome individual e sob sua própria e exclusiva responsabilidade, e os demais como "sócios participantes" dos resultados correspondentes.

Obriga-se perante terceiro tão somente o sócio ostensivo e, exclusivamente perante este, o sócio participante, nos termos do contrato social, sendo que a constituição da sociedade em conta de participação independe de qualquer formalidade e pode provar-se por todos os meios de direito e o contrato social produz efeito somente entre os sócios, sendo que a eventual inscrição de seu instrumento em qualquer registro não confere personalidade jurídica à sociedade.

Capítulo I – Noções Sobre as Sociedades Empresárias

Como vimos, dois tipos de sócios caracterizam esse tipo de sociedade: o sócio ostensivo e o sócio participante. Sem prejuízo do direito de fiscalizar a gestão dos negócios sociais, o sócio participante não pode tomar parte nas relações do sócio ostensivo com terceiros, sob pena de responder solidariamente com este pelas obrigações em que intervier, sendo que a contribuição do sócio participante constitui, com a do sócio ostensivo, patrimônio especial, objeto da conta de participação relativa aos negócios sociais.

Aplica-se à sociedade em conta de participação, subsidiariamente e no que com ela for compatível, o disposto para a sociedade simples, sendo a sua liquidação regida pelas normas relativas à prestação de contas, na forma da lei processual civil.

Em síntese, quando duas ou mais pessoas, sendo ao menos uma comerciante, reúnem-se, sem firma social, para lucro comum, em uma ou mais operações de comércio determinadas, trabalhando um, alguns ou todos, em seu nome individual para o fim social, a associação toma o nome de sociedade em conta de participação, acidental, momentânea ou anônima, e como já destacado, essa sociedade não está sujeita às formalidades prescritas para a formação das outras sociedades, e pode provar-se por todo o gênero de provas admitidas nos contratos comerciais.

Na Sociedade em Conta de Participação, o sócio ostensivo é o único que se obriga para com terceiro; os outros sócios ficam unicamente obrigados para com o sócio ostensivo por todos os resultados das transações e obrigações sociais empreendidas nos termos precisos do contrato.

A constituição da sociedade em conta de participações não está sujeita às formalidades legais prescritas para as demais sociedades, não sendo necessário o registro de seu contrato social na Junta Comercial, e normalmente é constituída por um prazo limitado, com o objetivo de explorar determinado projeto. Cumprido o objetivo, a sociedade se desfaz.

Sociedade Simples

Criada pela Lei nº 10.406, de 10 de janeiro de 2002, que instituiu o Código Civil Brasileiro, trata em seus arts. 997 a 1.044 do seu regramento e, por sua própria natureza, fixa as regras gerais para todas as demais sociedades naquilo em que não forem reguladas de forma específica pelo Código Civil ou por legislação própria.

A sociedade simples, uma sociedade personificada, é uma associação entre dois ou mais profissionais que exercem a mesma atividade, na qual eles se juntam e formam uma sociedade de modo a prestar serviços de natureza intelectual (científica, literária, artística) ou cooperativa, constituída com bens ou serviços.

Para ilustrar melhor o conceito de sociedade simples, lembramos as associações e cooperativas de médicos, advogados e outros profissionais. Nelas, os profissionais estabelecem uma parceria de forma a prestar serviços à sociedade, mas sem caráter empresarial.

Mesmo que a sociedade simples cresça e tenha um grande número de participantes, o termo será válido para a associação, desde que a finalidade de prestação de serviços continue a mesma.

Tal tipo de sociedade se apresenta sob duas formas: a sociedade simples limitada e a sociedade simples pura.

O que há de mais importante no que rege as sociedades simples limitadas diz respeito ao capital do negócio e à responsabilidade dos sócios envolvidos no projeto. Quanto à sociedade simples pura, diferentemente da limitada, os sócios têm o patrimônio pessoal e o empresarial envolvidos na atividade empresarial.

Tudo relacionado à empresa está ligado diretamente ao potencial de exploração e investimento dos próprios sócios, vinculando-se ao Registro Civil das Pessoas Jurídicas (art. 1.150 – Código Civil), se a sociedade adotar um dos tipos de sociedade empresária.

De certa forma, essa espécie societária substituiu a antiga sociedade civil regida pelo Código Civil anterior.

Em síntese, a sociedade simples é formada por pelo menos duas pessoas com um objeto lícito de caráter não mercantil, o que acaba limitando seu campo de abrangência "aos pequenos negócios, a serem definidos em lei, às atividades rurais, ao exercício de profissão de natureza intelectual, e bem assim a empreendimentos destituídos de qualquer estrutura organizacional" (José Eduardo Tavares Borba, 2003, p. 74).

Numa definição mais técnica, a sociedade simples (sociedade de pessoas) "é a pessoa jurídica de direito privado (Código Civil, art. 44,

II) que visa ao fim econômico ou lucrativo, pois o lucro obtido deverá ser repartido entre os sócios, sendo alcançado com o exercício de certas profissões ou pela prestação de serviços técnicos (Código Civil, arts. 997 a 1.038; RT 462:81, 39:216, 395:205), conforme lecionado por Maria Helena Diniz (2010, p. 53).

A particularidade da sociedade simples em relação às demais é o fato de que é possível a admissão de sócio de serviço, ou seja, aquele sócio que contribui com seus serviços para integralizar-se à sociedade. O sócio de serviço não participa do capital, mas, salvo estipulação em contrário, participará do lucro na proporção da média de valor das cotas. É importante notar que, nas deliberações da sociedade que são tomadas com a maioria do capital, o sócio de serviço não vota. O sócio de serviço só vota nas deliberações que necessitam de um consentimento unânime dos sócios. O art. 1.006 do Código Civil aponta para uma particularidade dos sócios de serviço, sua dedicação integral à sociedade, "sob pena de ser privado de seus lucros e dela excluído".

Em relação ao nome empresarial, o inciso II do art. 997 faz referência à denominação e, levando-se em consideração o parágrafo único do art. 1.155 do Código Civil, pode-se afirmar que, em regra, a sociedade simples deve fazer uso da denominação. A denominação pode ser constituída por um nome fantasia ou por alguma expressão relevante ao seu objeto social. Apesar de a regra ser o uso da denominação, nada impede que a sociedade simples possua firma social, se a sociedade tiver sócios de responsabilidade ilimitada pelas obrigações sociais, como previsto no art. 1.157 do Código Civil.

No que tange à responsabilidade dos sócios, apesar do inciso VIII de o art. 997 do Código Civil indicar que o contrato social indique a responsabilidade dos sócios, o art. 1.023 dispõe que: "Se os bens da sociedade não lhe cobrirem as dívidas, respondem os sócios pelo saldo, na proporção em que participem das perdas sociais, salvo cláusula de responsabilidade solidária".

Então, na sociedade simples, o patrimônio dos sócios pode ser afetado, sendo ele submetido à penhora, se o patrimônio da sociedade não suportar dívidas contraídas pela própria sociedade. É importante ressaltar, no entanto, que antes de atingir o patrimônio dos sócios, primeiro deverá executar todos os bens da sociedade, responsabilizando os sócios, de maneira proporcional, pelo restante da dívida após a execução dos bens sociais.

Em síntese, ainda merece destaque o fato do caráter de que se revestem as regras que disciplinam a sociedade simples. Seu regramento abrange as relações básicas no relacionamento societário, mesmo que de forma subsidiária; são regras supletivas a todas as sociedades, daí a importância do seu estudo na parte destinada pelo Código Civil às sociedades personalizadas, distribuído no Capítulo I, Seções de I a VI, com ênfase aos seguintes aspectos:

Seção I – Do contrato social

Seção II – Direitos e obrigações dos sócios

Seção III – Da administração

Seção IV – Das relações com terceiros

Seção V – Da resolução da sociedade em relação a um sócio

Seção VI – Da dissolução

Como se vê, de forma abrangente, a norma civil regulou as relações mínimas que disciplinam as sociedades simples e seus componentes.

Sociedade em Nome Coletivo

Regulada pelo Código Civil (Lei nº 10.406/2002), em seus arts. 1.039 a 1.044 e supletivamente pelas regras disciplinadoras das sociedades simples, merecem destaque alguns pontos, que passamos a tratar.

Essa espécie de sociedade surgiu na Itália, durante a Idade Média. Inicialmente, foi denominada Sociedade Geral, depois foi chamada de Sociedade em Nome Coletivo, pelo Código Comercial Francês de 1807, expressão posteriormente acolhida pela lei comercial brasileira, originariamente de natureza familiar, depois se expandiu com a admissão de outros sócios.

A Sociedade em Nome Coletivo é um tipo societário no qual todos os sócios necessariamente pessoas físicas, de acordo com o art. 1.039 do Código Civil, são solidários e todos respondem ilimitadamente pelas dívidas e obrigações financeiras e fiscais da sociedade, ou seja, a dívida da sociedade pode atingir os bens dos sócios, admitindo-se a exceção prevista no parágrafo único do art. 1.039 do Código Civil. A administração da sociedade cabe exclusivamente aos sócios, não podendo um terceiro exercer este papel administrativo (art. 1.042, Código Civil).

Ainda sobre o tema, merecem ser destacadas as VANTAGENS e DESVANTAGENS deste tipo societário.

Nesta altura, e de forma resumida, destacamos as suas vantagens.

1ª – A Sociedade em nome coletivo por possuir responsabilidade ilimitada dos sócios, pode se constituir num diferencial competitivo da empresa perante seus clientes e um fator de aumento de credibilidade perante seus fornecedores.

2ª – Dependendo do teor do contrato social, há possibilidade de continuidade da empresa em caso de morte, interdição ou exclusão de sócio.

3ª – Pode ser transformada em outro tipo societário, ressalvados os direitos dos credores, e ser enquadrada como microempresa (ME) e empresa de pequeno porte (EPP) e optar pelo SIMPLES NACIONAL, mediante o atendimento de algumas condições.

4ª – Finalmente, o Novo Código Civil conferiu uma nova vantagem, e das mais importantes à sociedade em nome coletivo. Com efeito, determina o art. 1.043 que: "O credor particular de sócio não pode, antes de dissolver-se a sociedade, pretender a liquidação da quota do devedor." Isto significa que as quotas do sócio de uma sociedade em nome coletivo não podem ser penhoradas, pelos credores desse sócio, em virtude de dívidas pessoais contraídas por esse sócio.

Quanto as desvantagens merecem realce:

1ª – Todos os sócios tem responsabilidade subsidiária solidária e ilimitada pelas obrigações sociais.

2ª – Somente pessoas físicas podem tomar parte neste tipo societário;

3ª – Somente sócios podem administrar a sociedade, o que exige preparação gerencial dos mesmos, o que pode ser excessivamente oneroso se a empresa não for bem administrada;

4ª – Os sócios só podem ceder ou transferir suas quotas a estranhos se todos os outros concordarem.

Sociedade em Comandita Simples

Antes de cuidarmos deste tipo de sociedade, merece destaque o significado do verbo comanditar. Segundo o Dicionário Aurélio, comanditar tem dois significados: "a) entrar com fundos para, ou gerir os negócios de (uma sociedade em comandita); e b) encarregar da administração dos fundos de uma sociedade em comandita."

Pelo próprio significado do verbo comanditar, percebe-se que existem dois tipos de pessoas que participam da sociedade, sendo um tipo caracterizado como investidor e outro como gestor dos negócios.

Disciplinada pelos arts. 1.045 a 1.051 do Código Civil (Lei nº 10.406/2002), a Sociedade em Comandita Simples é forma societária constituída por sócios que possuem responsabilidade ilimitada e solidária, e aqueles que limitam essa responsabilidade à importância com que entram para o capital, sendo uma socidade tipicamente de pessoas.

Constitui-se a Sociedade em Comandita Simples quando duas ou mais pessoas se associam, para fins comerciais, obrigando-se uns como sócios solidários, ilimitadamente responsáveis, e outros simples prestadores de capitais, com a responsabilidade limitada às suas contribuições de capital.

Como referido, nessa modalidade societária, existem dois tipos de sócios: os comanditados, que são os sócios que assumem a responsabilidade ilimitada; e os comanditários, que são os que possuem responsabilidade limitada à importância da contribuição.

Ainda é importante que sejam destacados alguns aspectos que diferenciam e caracterizam os seus sócios.

Assim é que:

– sem prejuízo da faculdade de participar das deliberações da sociedade, e fiscalizar as suas operações, não pode o sócio comanditário praticar qualquer ato de gestão, nem ter seu nome constando na firma social, sob pena de ficar sujeito às responsabilidades de sócio comanditado, passando a responder de forma ilimitada pelas obrigações da sociedade.

– o sócio comanditário não é obrigado à reposição de lucros recebidos de boa-fé e de acordo com o balanço. Isto se deve ao fato dele

Capítulo I – Noções Sobre as Sociedades Empresárias

não participar da administração e, embora possa fiscalizar a gestão do negócio, entende-se que este tipo de sócio não tem poder de interferir gerencialmente nos destinos da sociedade, não lhe cabendo a obrigação ou a percepção do que está correto ou não nos balanços patrimonial e econômico da empresa.

Destacam-se ainda algumas regras sobre situações específicas que ora destacamos:

– Quanto à morte de sócios, o tratamento é diferenciado em relação ao comanditário e ao comanditado. De acordo com o artigo 1.050, havendo a morte de sócio comanditário, a sociedade, salvo disposição do contrato, continuará com os seus sucessores, que designarão quem os represente. Havendo morte de sócio comanditado, aplica-se o mesmo tratamento previsto para os sócios de sociedade simples.

– Sobre a dissolução da sociedade, as regras são as mesmas da sociedade em nome coletivo (artigo 1.051, inciso I). Assim, além dos casos que podem ser previstos no contrato social, a sociedade pode dissolver-se ainda, de acordo com o artigo 1.044, de pleno direito por qualquer das causas enumeradas no art. 1.033, quais sejam, I – o vencimento do prazo de duração, salvo se, vencido este e sem oposição de sócio, não entrar a sociedade em liquidação, caso em que se prorrogará por tempo indeterminado; II – o consenso unânime dos sócios; III – a deliberação dos sócios, por maioria absoluta, na sociedade de prazo indeterminado; IV – a falta de pluralidade de sócios, não reconstituída no prazo de cento e oitenta dias; e V – a extinção, na forma da lei, de autorização para funcionar. Se a sociedade for do tipo empresária, também será dissolvida pela declaração da falência.

Esta sociedade com personalidade jurídica, pode assumir o formato de sociedade empresarial, dedicando-se a exploração de atividade típica de empresário, a exemplo de indústria, comércio, etc, ou sociedade simples não empresária quando explora trabalho de natureza civil, por exemplo de atividade científica, literária ou artística.

No primeiro caso, deverá ser registrada na Junta Comercial, ao passo que, no segundo, deverá ser registrada no Cartório de Registro Civil de Pessoas Jurídicas, e que se regem supletivamente pelas regras estabelecidas para a sociedade em nome coletivo, disciplinada pelo Código Civil nos arts. 1.039 a 1.044.

Sociedade Limitada

Inicialmente, merece, rápido comentário, sobre o termo "sociedade", que deriva do latim *societas*, que significa um agrupamento de pessoas. Assim, por sua própria origem etimológica, associamos qualquer sociedade a algo coletivo.

A norma jurídica em nosso país sempre seguiu esse mesmo caminho, tanto é que o art. 981 do <u>Código Civil</u> define que "[...] **celebram contrato de sociedade as pessoas** *que reciprocamente se obrigam a contribuir, com bens ou serviços, para o exercício de atividade econômica e a partilha, entre si, dos resultados*".

E, na mesma linha, o capítulo que trata da sociedade limitada, estabelece o seu art. 1.052 que, "[...] a responsabilidade de cada sócio é restrita ao valor de suas quotas, mas todos respondem solidariamente pela integralização do capital social", deixando implícita a necessidade da comunhão de duas ou mais pessoas para a formação de uma sociedade limitada.

Esse foi o posicionamento consolidado por anos em nosso direito societário, qual seja: não existia sociedade limitada de uma só pessoa.

Como veremos, no entanto, **essa realidade mudou em consequência da** <u>Lei Federal nº 13.874</u>**/2019**, denominada de Declaração de Direitos de Liberdade Econômica.

Em um de seus mais importantes acréscimos à legislação vigente, foi incluído novo parágrafo no art. 1.052 do Código Civil para **permitir, expressamente, que a sociedade limitada possa ser constituída de uma única pessoa, a sociedade limitada unipessoal.**

A sociedade limitada é a mais comum nas atividades empresariais no Brasil, tendo sua regulamentação básica fixada no Código Civil (Lei nº 10.406/2002) e por outras normas especiais.

Ante a sua diversificação, ela basicamente se divide em três tipos:

– Sociedades limitadas típicas reguladas pelo Código Civil (arts. 1.052 a 1.087).

– Empresas Individuais de Responsabilidade Limitada (EIRELI), criadas pela Lei nº 12.441/2011.

– Sociedades Limitadas Unipessoais, criadas pela Lei nº 13.874/2019.

O Código Civil Brasileiro trata da matéria nos arts. 1.052 a 1.087 do Capítulo IV do Livro II disciplinador "Do direito de empresa".

Historicamente, embora o local e a época de origem exatos do surgimento da sociedade limitada sejam assuntos de controvérsia na doutrina, os fatos e motivos que levaram ao seu surgimento não o são, em face da latente necessidade de organização do exercício da atividade econômica.

Quanto ao local da origem, Rubens Requião, em sua obra Curso de Direito Comercial (2003, p. 456), assim se posiciona sobre a controvérsia que envolve o tema:

> O surgimento das sociedades por cotas de responsabilidade limitada está envolto em viva controvérsia. Uns consideram-na de origem britânica e outros, alemã. Deve-se essa divergência ao uso que a legislação inglesa fez da expressão *limited*, secundada pela legislação francesa de 1863, que instituiu uma sociedade anônima impropriamente denominada de *societé à responsabilité limitée*.

No entendimento de Fabio Ulhoa Coelho (Curso de Direito Comercial, volume 2: direito de empresa (2008), a sociedade limitada é uma criação alemã do ano de 1892, de acordo com a qual a sociedade limitada é um tipo próprio de organização societária, e não como uma sociedade anônima simplificada.

Rubens Requião (2012, p. 555) segue a mesma linha de Fabio Ulhoa Coelho, uma vez que também considera a sociedade limitada uma criação alemã, lembrando que:

> Em 1891 foi enviado, pelo Ministro da Justiça do Império, ao Congresso alemão, um projeto de lei, inspirado diretamente nas ideias de Oechelhauser. A tramitação legislativa, com algumas modificações, resultou na promulgação da Lei de 20 de abril de 1892, sobre as Gsellschaften mit beschraenkter Haftung – sociedades de responsabilidade limitada. Em pouco tempo, essas sociedades dominaram o comércio alemão, de molde a, em nosso tempo, ultrapassarem de muitíssimo, em número, as sociedades anônimas existentes na Alemanha.

Em síntese, entre os séculos XV e XIX, as sociedades de pessoas não mais atendiam à celeridade em que os negócios aconteciam, havendo a necessidade da criação de empresas de maiores capitais, pois à medida que o comércio se desenvolvia, tornava-se imperioso um tipo societário aperfeiçoado que se traduz em uma sociedade cuja constituição fosse simplificada e na qual a responsabilidade dos sócios fosse limitada às suas contribuições, ao contrário das sociedades em nome coletivo até então comumente utilizadas.

Tal tipo societário, a partir dos últimos anos, em nosso País, vem sofrendo modificações e aplicações diversas de seus princípios básicos e que lhe deram origem, com destaque, em face das leis nº 12.441/2011 e nº 13.874/2019.

Como regra geral, pode ser sócio de sociedade limitada, desde que não haja impedimento legal:

a) O maior de 18 (dezoito) anos, brasileiro(a) ou estrangeiro(a), que estiver em pleno gozo da capacidade civil.

b) O menor emancipado.

c) Os relativamente incapazes a certos atos ou à maneira de exercê-los, desde que assistidos.

d) Os menores de 16 (dezesseis) anos (absolutamente incapazes de exercer pessoalmente os atos da vida civil), desde que representados.

e) Pessoa jurídica nacional ou estrangeira.

f) O Fundo de Investimento em Participações – (FIP), desde que devidamente representado por seu administrador. (incluído pela Instrução Normativa nº 58, de 22 de março de 2019)

Sociedades limitadas típicas reguladas pelo Código Civil

A sociedade limitada antes era intitulada como **sociedade por quotas de responsabilidade limitada**. Um tipo societário que surgiu em meio à complexidade das sociedades anônimas e às responsabilidades ilimitadas das sociedades familiares.

No Brasil, esse modelo de sociedade foi instituído em 1919, pelo Decreto nº 3.708, representava um avanço na estrutura societária até então vigente. A principal inovação adotada pela figura jurídica então criada era a limitação da responsabilidade dos sócios ao valor do capital social e sua respectiva integralização. O modelo se apresentou tão simples e eficiente que gerou a quase extinção do uso das demais formas de sociedade. Desde as empresas familiares até grandes corporações passaram a utilizar a sociedade limitada para reger suas atividades. Com o advento do novo Código Civil (Lei nº 10.406/2002), algumas modificações foram implantadas no modelo societário em questão.

Trata-se de uma sociedade empresária em que a responsabilidade de de cada sócio é restrita ao valor de suas quotas, mas todos respondem solidariamente pela integralização do capital social, apresentando regras e características próprias, tendo como elemento fundamental o contrato social.

Nessa sociedade limitada típica, para a sua formação e funcionamento, exige-se a existência de mais de um sócio, pessoa física ou jurídica, além da definição da participação no capital social, com base no número de quotas que o compõem.

Os sócios adquirem certas liberdades dentro dessa sociedade e no caso de insucesso de seu negócio próprio, de acordo com o contrato, a responsabilidade de cada sócio restrita ao valor de suas quotas, mas todos os sócios respondem solidariamente pela integralização do capital social, conforme previsto no art. 1.052 do Código Civil, diferenciando-se assim o patrimônio pessoal do patrimônio social.

Em resumo, a sociedade limitada antes do Código Civil de 2002 e denominada sociedade por quotas de responsabilidade limitada, é aquela em que duas ou mais pessoas se juntam para criar uma sociedade empresária, mediante um contrato social, no qual constam seus atos constitutivos, em particular, a forma de operação, as normas da empresa e o capital social, sendo este último dividido em quotas, de modo que a responsabilidade pelo pagamento das obrigações da empresa se limita à participação dos sócios, ressalvada a exceção do art. 1.052 do Código Civil.

Nos últimos anos, algumas regras até então vigentes, sob a égide do Decreto nº 3.708 foram alteradas pelo Código Civil, dentre elas destacamos:

a) A responsabilidade dos sócios quanto às quotas da sociedade – sofreu alteração. O Decreto nº 3.708 estabelecia que a responsabilidade dos sócios era limitada até o total do capital social, porém estes respondiam solidária e ilimitadamente até a sua total integralização. Tal disposição foi alterada pela Lei nº 10.406, que passou a estabelecer apenas a responsabilidade solidária dos sócios pela integralização, e não mais ilimitadamente.

b) Foi instituído o prazo máximo de 5 (cinco) anos para reclamação da falta de contribuição dos sócios.

c) A vedação da contribuição do sócio à sociedade em forma de prestação de serviços, enquanto na norma anterior era vedado apenas o sócio de indústria (figura que não participa da administração da sociedade e não contribui com o capital social, mas participa tão somente com o próprio trabalho). Portanto, entende-se que, pelo modelo antigo, poderia haver integralização por meio de prestação de serviços do sócio à sociedade (desde que não na forma de sócio de indústria), o que não é mais admitido pela nova lei.

As sociedades se caracterizam com o início do nome de um ou mais quotistas, por extenso ou abreviadamente, terminando com a expressão "& Cia. Ltda." (firma ou razão social) ou com o objeto social da empresa ou a designação de outro nome, seguindo-se da expressão "Ltda." (denominação social), nos termos do art. 1.158 do Código Civil Brasileiro.

Destaque-se que, caso a palavra "limitada" (por vezes abreviado por Lda., L.^{da} ou Ltda.) não conste da razão ou denominação social da sociedade, presume-se que tal empresa tem ilimitada a responsabilidade dos sócios, passando a ter as características jurídicas de uma sociedade em nome coletivo.

Quanto à forma de administração de uma empresa LTDA., a reA gra geral é ser administrada por um ou mais sócios, e somente com o consentimento dos sócios, uma pessoa que não faz parte da sociedade poderá ser seu administrador. Ele é responsável por gerenciar a sociedade, fazer os inventários, responder civilmente pelos atos culposos que praticar, elaborar os balanços no final de cada exercício, sendo geralmente remunerado.

Sobre a posição do administrador e do sócio-gerente, não sócios, tratamos do assunto neste livro na parte dedicada ao estudo da Súmula 430 do STJ.

Como destacamos acima, as sociedades limitadas vêm sofrendo alterações e adaptações ditadas pelo momento econômico-social e pelas necessidades de serem reguladas outras atividades no campo empresarial.

Empresas Individuais de Responsabilidade Limitada (EIRELI)

Ao ser criado tal tipo societário, promoveu o legislador a primeira "abertura" em relação à responsabilidade limitada do empresário individual, fato que se repetiu com a posterior criação das Sociedades Limitadas Unipessoais.

Resultado da criação, pela Lei nº 12.441, de 11 de julho de 2011, a Empresa Individual de Responsabilidade Limitada (EIRELI), alterou a Lei nº 14.406, de 10 de janeiro de 2002 (Código Civil), com os seguintes acréscimos:

– Introdução do item VI no artigo 46, instituindo a Empresa Individual de Responsabilidade Limitada (EIRELI);

– Criação do Título 1-A, regulamentando a EIRELI, através do novo artigo 980-A e do parágrafo único do artigo 1.033.

Por definição, a Empresa Individual de Responsabilidade Limitada (EIRELI), é aquela empresa constituída por uma única pessoa titular da totalidade do capital social devidamente integralizado, que não poderá ser inferior a 100 (cem) vezes o maior salário – mínimo vigente no país, assim apenas o titular, que é o único dono, possui responsabilidade limitada com as obrigações de uma empresa. Na prática, a pessoa que quer abrir um negócio através da modalidade EIRELI não terá o seu patrimônio pessoal afetado pelas dívidas da empresa.

Dentre as regras estabelecidas no parágrafo 6º do art. 980-A, introduzido pela Lei nº 12.411/2011 no Código Civil (na Lei nº 10.406/2002, destaca-se a que determina a aplicação, no que couber, das regras das sociedades limitadas a esse tipo societário, sendo que a pessoa natural que constituir uma empresa individual de responsabilidade limitada (EIRELI), somente poderá figurar em uma única empresa dessa modalidade.

A Empresa Individual de Responsabilidade Limitada – EIRELI poderá ser constituída tanto por pessoa natural quanto por pessoa jurídica, nacional ou estrangeira, e quando o titular da EIRELI, for pessoa natural, deverá constar do corpo do ato constitutivo cláusula com a declaração de que o seu titular não figura em nenhuma outra empresa dessa modalidade, todavia, se for pessoa jurídica pode figurar em mais de uma EIRELI. (Instrução Normativa DREI nº 47, de 3 de agosto de 2018).

A EIRELI tem como principal objetivo acabar com o sócio fictício. Essa era uma prática muito comum nas empresas de sociedade limitada, modalidade na qual são necessárias, no mínimo, duas pessoas. Já na Empresa Individual de Responsabilidade Limitada, a empresa é aberta com único dono, sem necessidade de ter mais de um sócio.

A esta altura, merecem ainda serem destacadas algumas diferenças que distinguem este tipo de sociedade de outras atividades também desenvolvidas pelo empresário individualmente.

A primeira delas são os Microempreendedores Individuais (MEI), que são pessoas físicas que trabalhavam como autônomas e formalizam sua atividade, cujo faturamento anual apresenta um limite e não precisa ser declarado o capital social, bem como a quantia utilizada para iniciar o negócio. Registre-se que não pode ser MEI quem já é sócio em outra empresa ou quem pretende exercer uma profissão regulamentada, como a de médico ou advogado, por exemplo.

Quanto à segunda, o Empresário Individual é uma pessoa física que abre empresa sem sócios para exercer uma atividade sem limite de faturamento, definindo sua condição pelo valor de tal faturamento. Assim, por exemplo, se o empresário individual escolher o regime tributário do Simples Nacional, pode faturar até 360 mil reais por ano, considerado assim como uma microempresa, ou 3,6 milhões de reais por ano, sendo considerado uma pequena empresa. Caso escolha o Lucro Presumido, pode faturar até 78 milhões de reais por ano.

Finalmente, destaque-se que quem pretende exercer uma profissão regulamentada não pode utilizar o CNPJ de empresário individual para isso.

Como síntese, através de conceitos gerais, cabe destacar algumas vantagens da EIRELI, a saber:

1ª – impedir que os bens do titular sejam afetados em caso de uma falência;

Capítulo I – Noções Sobre as Sociedades Empresárias 17

2ª – a empresa não tem nenhum tipo de limite de faturamento, e que a empresa pode se beneficiar diretamente de vários incentivos e subsídios do governo,

3ª – é uma das opções para as micro e pequenas empresas;

4ª – o empresário, mesmo trabalhando de forma individual, consegue obter a sua identidade jurídica;

5ª – reduz a informalidade, a partir da regularização do empresário individual, que exercia as suas atividades sem o registro formal;

6ª – caso o empreendedor seja único sócio de uma empresa registrada em outra modalidade, pode mudar sua denominação judicial para EIRELI, assumindo a condição jurídica de EIRELI derivada.

7ª – o empresário consegue escolher o modelo de tributação mais adequado para o porte de seu negócio;

8ª – os ramos de atuação permitidos para uma EIRELI são extensos e abrangem todas as atividades rurais, industriais, comerciais e também de serviços.

Sociedades Limitadas Unipessoais

O legislador ao criar tal tipo societário, promoveu a segunda "abertura" em relação à responsabilidade limitada do empresário individual no direito societário brasileiro, com a criação das Sociedades Limitadas Unipessoais, através da a Lei nº 13.874/2019.

Por esta lei, e sem o rigor da Sociedade por Quotas de Responsabilidade Limitada Típica quanto ao número mínimo de sócios, mais uma vez permitiu-se ao empresário individual a oportunidade de exercitar individualmente a atividade empresarial, sem contudo ter envolvido seu patrimônio pessoal, limitando a sua responsabilidade ao valor do capital social, além de fugir das características da Firma Individual, abrindo um novo campo para as atividades empresariais com certos limites.

Nascidas das disposições determinadas pela Lei nº 13.874, de 20 de setembro de 2019, em seu art. 7º, inclui dois parágrafos no art. 1.052 da Lei nº 10.406/2002, de seguinte teor:

"§ 1º A Sociedade Limitada pode ser constituída por 1 (uma) ou mais pessoas.

§ 2º Se for Unipessoal, aplicar-se-ão ao documento de constituição do sócio único, no que couber, as disposições sobre o contrato social".

Inclui ainda nos artigos a seguir mencionados parágrafos que disciplinam este novo tipo de sociedade:

Art. 980-A.

....

§ 7º Somente o patrimônio social da empresa responderá pelas dívidas da empresa individual de responsabilidade limitada, hipótese em que não se confundirá, em qualquer situação, com o patrimônio do titular que a constitui, ressalvados os casos de fraude."

"Art. 1.052. ....

§ 1º A sociedade limitada pode ser constituída por 1 (uma) ou mais pessoas.

§ 2º Se for unipessoal, aplicar-se-ão ao documento de constituição do sócio único, no que couber, as disposições sobre o contrato social.

Criou-se assim mais um tipo de sociedade limitada empresarial, misto de empresa individual e sociedade limitada, permitindo que uma só pessoa constitua uma sociedade, porém sem os rigores da sociedade de responsabilidade ilimitada em relação ao número de sócios, e que nada mais é do que a EIRELI sem as limitações desta, particularmente, do valor do capital social e a omissão quanto à vedação do titular de participar de outra sociedade do mesmo tipo jurídico, o que permite concluir quanto a sua possibilidade.

Do exame do novo texto à luz dos princípios que nortearam a Lei nº 13.874/2019, tem-se na sua criação nada mais do que a aplicação de princípios consagrados por essa lei, pela "independência patrimonial da pessoa física e a jurídica", bem assim da regra para "estimular empreendimentos, para a geração de empregos, tributo, renda e inovação em benefício de todos", conforme redação do novo art. 49-A e seu parágrafo único do Código Civil, assim disposto:

Art. 49-A. A pessoa jurídica não se confunde com os seus sócios, associados, instituidores ou administradores.

Parágrafo único. A autonomia patrimonial das pessoas jurídicas é um instrumento lícito de alocação e segregação de riscos, estabelecido pela lei com a finalidade de estimular empreendimentos, para a geração de empregos, tributo, renda e inovação em benefício de todos.

Sobre o tema, muito ainda caberá à doutrina e particularmente aos órgãos responsáveis pelo disciplinamento, controle e aplicação do Registro Público de Empresas Mercantis definir e mesmo criar procedimentos ao bom atendimento dos princípios e critérios que justificaram a criação de tal tipo societário.

Nesse aspecto, não é demais, desde logo, destacar a posição adotada, desde a primeira hora, pelo Departamento Nacional de Registro Empresarial e Integração (DREI) mediante a elaboração e implementação de instruções normativas visando ao disciplinamento complementar das regras emanadas da Lei nº 13.874/2019, cabendo destacar manifestação da Procuradoria Regional da Junta Comercial do Estado do Rio de Janeiro ao apreciar o caso de transformação de EIRELI em Sociedade Limitada de apenas um sócio, em face à legislação pertinente, a que denominou de "transformação imprópria da EIRELI em sociedade limitada" (Parecer nº 128/2019-JUCERJA-PRJ-JCTMS no Proc. nº 00-2019/451726-8).

Tem esta posição suporte dentre outras nas alterações da IN DREI nº 38/2017, através da IN DREI nº 69 de 18/11/2019, que versa acerca do Manual de Registro do Empresário Individual, Sociedade Limitada, Empresa Individual de Responsabilidade Limitada-EIRELI, Cooperativa e Sociedade Anônima, dispondo expressamente que a sociedade limitada unipessoal pode decorrer de transformação, nos termos do item 1.2. de tal norma, e na doutrina na palavra de José Edwaldo Tavares Borba (2017, p. 470), assim se posicionando: "Considerando que a transformação ordinária se circunscreve a uma mera mudança de tipo societário, essa nova legislação cria, com efeito, um conceito paralelo de transformação – transformação imprópria".

Em resumo, a Sociedade Limitada Unipessoal não deixa de ser uma sociedade limitada, razão por que se aplicam às sociedades limitadas formadas por um único sócio as mesmas regras das sociedades limitadas com mais de um sócio, sendo que a unipessoalidade permitida pelo § 1º do art. 1.052 do Código Civil poderá decorrer de constituição originária, saída de sócios da sociedade por meio de alteração contratual, bem como de transformação, fusão, cisão, conversão, etc.

Sobre o tema, merecem realce as regras estabelecidas pelo DREI, através da Instrução Normativa nº 63, de 11 de junho de 2019, que fixa regras sobre a sociedade limitada unipessoal.

Numa síntese bem resumida, as diferenças entre a EIRELI e a Sociedade Limitada Unipessoal tem os seguintes pontos:

1º – Exigência de capital mínimo

Para constituir uma EIRELI, seu titular precisa integralizar (ou seja, efetivamente investir nela, seja em bens ou em dinheiro) o equivalente a pelo menos 100 salários mínimos vigentes, que passam a compor o patrimônio da pessoa jurídica.

Com essa exigência, objetiva-se assegurar eventuais credores da EIRELI, uma vez que, caso a pessoa jurídica se torne inadimplente em suas obrigações, a possibilidade de buscar o patrimônio pessoal do titular é quase inexistente (excetuados os casos de desconsideração da personalidade jurídica).

Ou seja, o empreendedor que opta por constituir para si uma EIRELI, precisa dispor de capital mínimo para fazer jus a essa limitação. Isso serviria, na falta de analogia mais apurada, como uma caução, que garante certa tranquilidade aos credores da empresa.

Quanto à Sociedade Limitada Unipessoal, o legislador optou por excluir as formalidades da EIRELI, certamente com a intenção de fomentar a atividade empresarial no país, possibilitando que ela seja constituída, alterada ou transformada sem a necessidade de integralização de capital mínimo, podendo, dessa forma, explorar a atividade econômica almejada de forma menos onerosa, menos burocrática e com custos significativamente reduzidos.

2º – Vedação de pluralidade para pessoas naturais

A segunda diferença, igualmente relevante, é que as pessoas naturais não podem ter, simultaneamente, mais de uma EIRELI constituída em seu nome (art. 980-A, § 3º, Código Civil). No cotidiano das estruturações societárias, essa vedação representa obstáculo àqueles que desejam empreender sozinhos, induzindo, muitas vezes, a formação de sociedades meramente fictícias, com sócios "laranjas".

Em contrapartida, as Sociedades Limitadas Unipessoais não possuem nenhuma vedação quantitativa, sendo perfeitamente possível que a mesma pessoa, física ou jurídica, seja sócia de quantas forem necessárias.

Em conclusão, o Empresário Individual é uma pessoa física que abre empresa sem sócios para exercer uma atividade sem limite de faturamento, definindo sua condição pelo valor de tal faturamento.

Assim, por exemplo, se o empresário individual escolher o regime tributário do Simples Nacional, pode faturar até 360 mil reais por ano, considerado assim como uma microempresa, ou 3,6 milhões de reais por ano, sendo considerado uma pequena empresa. Caso escolha o Lucro Presumido, pode faturar até 78 milhões de reais por ano.

Sociedade Anônima

A Sociedade Anônima (S.A.), que também pode ser denominada como "Companhia" ou e forma abreviada "Cia.", é uma sociedade emu presária, independentemente de seu objeto (art. 982, parágrafo único- Código Civil e 2º da Lei nº 6.404/1976), com fins lucrativos, caracterizada por ter o seu capital dividido por ações. Os donos das ações são chamados de acionistas e, nesse caso, a sociedade deve ser constituída e ter sempre dois ou mais acionistas (art. 80, I, Lei nº 6.404/1976), excepcionada a regra do art. 251 da mesma lei.

Seu ordenamento legal tem nos arts. 1.088 do Código Civil e 1º da Lei nº 6.404/1976 sua definição com as seguintes características:

Tal sociedade está regulada pelo Código Civil e pela Lei nº 6.404, de 15 de dezembro de 1976, e pelas leis especiais, que modificaram e complementaram o texto original, regulando o tipo societário, a saber: leis nº s 8.021, de 1990; 9.457, de 1997; 10.303, de 2001; 11.638, de 2007; 11.941, de 2009; 12.431, de 2011; 12.810, de 2013; 13.129, de 2015; 13.818, de 2019; e 13.874, de 2019, a ela se aplicando supletivamente as normas ditadas pelo Código Civil, como disposto em seu art. 1.089.

Suas características são as seguintes:

a) É uma sociedade de capitais. Nelas o que importa é a aglutinaí ção de capitais, e não a pessoa dos acionistas, inexistindo o chamado *intuito personae* característico das sociedades de pessoas.

b) Divisão do capital em partes iguais – ações, de igual valor nominal ou sem valor nominal. É na ação que se materializa a participação do acionista.

c) Responsabilidade do acionista limitada apenas ao preço das ações subscritas ou adquiridas. Isso significa dizer que uma vez integralizada a ação, o acionista não terá mais nenhuma responsabilidade adicional, nem mesmo em caso de falência, quando somente será atingido o patrimônio da companhia.

d) Livre cessibilidade das ações. As ações, em regra, podem ser livremente cedidas, o que gera uma constante mutação no quadro de acionistas. Entretanto, poderá o Estatuto trazer restrições à cessão, desde que não impeça jamais a negociação (art. 36 da Lei nº 6.404/76). Dessa forma, as ações são títulos circuláveis, tais como os títulos de crédito.

e) Possibilidade de subscrição do capital social mediante apelo ao público.

f) Uso exclusivo de denominação social ou nome de fantasia.

g) Finalmente, pode ser uma companhia aberta ou fechada, definindo o art. 4º da Lei nº 6.404/76 a sua diferença da seguinte forma: "Para os efeitos desta Lei, a companhia é aberta ou fechada conforme os valores mobiliários de sua emissão estejam ou não admitidos à negociação no mercado de valores mobiliários".[1]

Sociedade em Comandita por Ações

Segundo Angela Santos de lmeida, *in* "Conteúdo Jurídico", "Historicamente, pode-se dizer que a sociedade em comandita por ações surgiu fundada na necessidade de tornar limitada a responsabilidade de alguns sócios.

Nem sempre a sociedade dominante até então, a sociedade por ações, atendia aos anseios dos comerciantes, dada a relativa dificuldade de se constituir, notadamente, a necessidade de autorização governamental.

A origem das sociedades em comandita por ações, segundo ensina a doutrina, remonta ao direito francês. Surgiram em virtude da proibição do art. 37 do Código de Comércio de se constituírem sociedades anônimas sem a autorização governamental. Assim, para facilitar a formação de sociedades em que vários sócios poderiam ostentar a posição de acionistas, o art. 38 do mesmo código permitiu que nas sociedades em comandita os sócios comanditários pudessem dividir o seu capital em ações, mas, obedecendo ao regime das sociedades anônimas. Dessa forma, os sócios que não possuíam ações se assemelhavam aos comerciantes, e assim eram tratados, tal qual

---

1 Para mais comentários sobre sobre as sociedades anônimas, veja obra anterior dos mesmos autores: "A reforma da Lei das S.A." (2001).

ocorria com os comanditados e os sócios coletivos das sociedades em nome coletivo. Esse fato fazia com que eles respondessem solidária e ilimitadamente pelas obrigações sociais.

Nasceu, então, um modelo hibrido de sociedade comercial, que ostentava uma mistura de sociedade em comandita simples e sociedade anônima. Do modelo das comanditas, trouxe a forma de se estabelecer a responsabilidade dos sócios e a administração da sociedade, inclusive, com a restrição de que somente os sócios podem ser administradores. Já, quanto à sua estrutura econômica, tem o seu capital dividido em ações, podendo, inclusive, emitir outros valores mobiliários."

No direito brasileiro, contrariando boa parte da doutrina que prega a extinção desse tipo de estrutura societária dado ao seu desuso, ela se manteve e refinou o tratamento dado às sociedades em comandita por ações.

O diploma legal mais moderno a tratar do assunto é o Código Civil de 2002 que, no art. 1.090, estabelece: "a sociedade em comandita por ações tem o capital divido em ações, regendo-se pelas normas relativas à sociedade anônima, sem prejuízo das modificações constantes deste Capítulo, e opera sob firma ou denominação".

Tanto a estrutura básica como as principais características da sociedade foram mantidas, sendo que sua regulamentação, como já mencionado, encontra-se além do Código Civil, mas também, e principalmente, nos arts. 280 a 282 da Lei nº 76/6.404.

A Sociedade em Comandita por Ações é um dos dois tipos de soS ciedade por ações admitidos no direito brasileiro, porém diferencia-se das sociedades anônimas, pois as responsabilidades sociais estão a cargo de um ou mais diretores, respondendo os acionistas apenas pelo preço das ações subscritas ou adquiridas (art. 1.091– Código Civil), regendo-se pela Lei nº 6.404/76 e pelos arts. 1.090 a 1092 do Código Civil.

Em resumo, pode ser definida como a sociedade em que o capital social é dividido em ações, sendo que os acionistas respondem apenas pelo valor delas subscritas ou adquiridas, mas tendo os administradores (diretores) responsabilidade subsidiária, ilimitada e solidária em razão das obrigações.

Em síntese, a sociedade em comandita por ações é uma sociedade empresária que tem natureza híbrida, com características tanto das sociedades em comandita simples como das sociedades anônimas.

Não tem natureza contratual, mas sim institucional. Destaca-se mais uma vez que a sua característica principal é o fato de ter o seu capital divido em ações, como acontece com as sociedades anônimas, porém têm responsabilidade ilimitada os acionistas que ocupam as funções de administradores ou gerentes.

O direito aplicável às sociedades anônimas é aplicável às sociedades em comandita por ações de forma subsidiária. Assim, por exemplo, elas podem operar sob firma ou denominação, sendo que, caso se utilize da firma, dela somente poderão fazer parte os nomes dos acionistas com responsabilidade ilimitada e sempre, seja firma ou denominação, deverão vir acompanhadas da expressão "em comandita por ações" ou "sociedade em comandita por ações".

Como conclusão merece destaque Fábio Ulhoa Coelho (2004. p. 478) ao afirmar:

> "O regime de comandita por ações é o das anônimas. São ambas sociedades de capital e institucionais. Assim, exceção feita às regras próprias, justificáveis pela especial responsabilização dos seus acionistas-diretores, aplica-se às comanditas por ações as preceituadas para as companhias. Desse modo, as ações da comandita podem ser ordinárias ou preferenciais; os titulares dessas últimas devem ter vantagens estatutárias na distribuição do resultado e podem sofrer restrições ou supressão do direito de voto; a sociedade pode ser aberta para fins de captação de recursos junto ao mercado de capitais, ou fechada; os sócios têm direito ao dividendo mínimo definido nos estatutos, etc."

Sociedades Cooperativas

A cooperativa é uma associação de pessoas com interesses comuns, economicamente organizada de forma democrática, isto é, contando com a participação livre de todos e respeitando direitos e deveres de cada um de seus cooperados, aos quais presta serviços, sem fins lucrativos, com forma e natureza jurídica próprias, de natureza civil, não sujeitas à falência.

Tem seu regramento determinado nos arts. 1.093 a 1.096 do Código Civil e legislação especial, no caso a Lei nº 5.764, de 16 de dezembro de 1971, e suplementarmente pelas normas que disciplinam as sociedades simples, sempre obedecidas às regras determinadas pelo art. 1.094 do Código Civil.

As cooperativas têm as seguintes características (art. 1.093 do Código Civil e art. 4º da Lei nº 5.764/1971):

a) variabilidade, ou dispensa do capital social;

b) concurso de sócios em número mínimo necessário a compor a administração da sociedade, sem limitação de número máximo;

c) limitação do valor da soma de quotas do capital social que cada sócio poderá tomar;

d) intransferibilidade das quotas do capital a terceiros estranhos à sociedade, ainda que por herança;

e) "quórum", para a assembleia geral funcionar e deliberar, com base no número de sócios presentes à reunião, e não no capital social representado;

f) direito de cada sócio a um só voto nas deliberações, tenha ou não capital a sociedade, e qualquer que seja o valor de sua participação;

g) distribuição dos resultados proporcionalmente ao valor das operações efetuadas pelo sócio com a sociedade, podendo ser atribuído juro fixo ao capital realizado; e

h) indivisibilidade do fundo de reserva entre os sócios, ainda que em caso de dissolução da sociedade.

Para constituição de uma cooperativa singular, é necessário o mínimo de 20 (vinte) pessoas físicas, sendo, excepcionalmente, permitida a admissão de pessoas jurídicas; três cooperativas singulares podem formar uma cooperativa central ou federação, podendo admitir, excepcionalmente, associados individuais; e, no mínimo, três cooperativas centrais ou federações de cooperativas, da mesma ou de diferentes modalidades, para formarem uma confederação de cooperativas (art. 6º da Lei nº 5.764/1971). No caso das cooperativas de trabalho, o número mínimo necessário para sua constituição é de 7 (sete) associados. (art. 6º da Lei nº 12.690/2012).

Em resumo, pode ser conceituada como um tipo de sociedade de pessoas, sem fins lucrativos, sem receita própria, regulada por lei especial e que se destina unicamente à prestação direta de serviços aos associados, em cujo âmbito o cooperado é, ao mesmo tempo, dono e usuário do "empreendimento".

Sociedades Coligadas

Por definição, "Consideram-se coligadas as sociedades que, em suas relações de capital, são controladas, filiadas, ou de simples participação", conforme estabelece o art. 1.097 do Código Civil, estando a sua regulamentação prevista em seus arts. 1.097 a 1.101 do mesmo diploma legal.

A sociedade controladora, que é aquela que tem participação em outra sociedade (a controlada), a ponto de obter maioria de votos nas deliberações, fazendo prevalecer sua vontade e assim elegendo os administradores e, como consequência, dirigindo os negócios da controlada, também é denominada de *holding*. No fundo a *holding* é uma sociedade que detém participação societária em uma ou mais sociedades, tendo sido constituída especificamente para esse fim ou não.

E a sociedade controlada, que é aquela em que parte de seu capital é de propriedade de outra sociedade (a controladora), que lhe assegura um número de votos suficiente nas deliberações (maioria de votos), a fim de eleger os administradores (Código Civil, art. 1.098, I).

É uma sociedade de cujo capital outra sociedade possua a maioria dos votos nas deliberações dos quotistas ou da assembleia geral e o poder de eleger a maioria dos administradores, em que esteja em poder de outra, mediante ações ou quotas possuídas por sociedades ou sociedades por esta já controladas

Qunato a coligação no sentido empresarial deve ser entendida como sendo a agregação ou aliança de organizações que se aliam visando a um fim comum, sendo que o fator que define a coligação entre sociedades é a vinculação entre si através da participação de uma no capital social da outra.

Pelas determinações dos arts. 1.098 a 1.100 do Código Civil, temos três tipos de sociedades, cujas características e espécie de coligação gerando o tipo de sociedade.

1. Sociedade Controlada

Já anteriormente definida.

2. Sociedade coligada ou filiada

Diz-se coligada ou filiada a sociedade de cujo capital outra sociedade participa com dez por cento ou mais, do capital da outra, sem controlá-la.

3. Sociedade de Simples Participação

É de simples participação a sociedade de cujo capital outra sociedade possua menos de dez por cento do capital com direito de voto.

Destacamos ainda que, de acordo com o art. 1.101, salvo disposição especial de lei, a sociedade não pode participar de outra que seja sua sócia, por montante superior, segundo o balanço, ao das próprias reservas, excluída a reserva legal.

Por fim, determina o parágrafo único desse artigo que, aprovado o balanço em que se verifique ter sido excedido esse limite, a sociedade não poderá exercer o direito de voto correspondente às ações ou quotas em excesso, as quais devem ser alienadas nos cento e oitenta dias seguintes àquela aprovação.

Sociedade de Propósito Específico

A Sociedade de Propósito Específico (SPE) é um modelo de socieE dade empresária pelo qual se constitui uma nova sociedade, com objeto social limitado à atividade que irá exercer, ou seja, cuja atividade é restrita, normalmente utilizada para isolar o risco financeiro da atividade desenvolvida, podendo em alguns casos ter prazo de existência determinado.

A SPE é também uma forma de empreendimento coletivo, usualmente utilizada para compartilhar o risco financeiro da atividade desenvolvida.

A Sociedade de Propósito Específico (SPE) corresponde a uma sociedade com as mesmas características do consórcio, porém com personalidade jurídica, decorrente da celebração de um contrato de sociedade, em que a sociedade empresária é constituída especificamente para uma ação ou projeto.

Neste contexto, a SPE é também chamada de Consórcio Societário devido às suas semelhanças com a tradicional forma de associação denominada Consórcio Contratual. Porém, apresenta características especiais que as tornam mais seguras e práticas nas relações entre as empresas.

Uma das diferenças entre SPE e Consórcio Contratual é a questão da personalidade jurídica. Embora o Consórcio Contratual não tenha personalidade jurídica própria, ele é obrigado a se cadastrar no CNPJ. Isso, porém, não o torna passível de obrigações tributárias como, por exemplo, emitir uma nota fiscal para recolhimento de ICMS.

Resumindo, a SPE é uma sociedade com personalidade jurídica, escrituração contábil própria e demais características comuns às empresas limitadas ou S/A. É também uma sociedade patrimonial que, ao contrário dos consórcios, pode adquirir bens móveis, imóveis e participações.

Por se tratar de uma modalidade de *joint venture* (*equity* ou *corporate joint venture*), as SPE são utilizadas para grandes projetos, com ou sem a participação do Estado, não obstante, a modalidade de SPE pode ser aplicada nos empreendimentos coletivos de pequenos negócios.

Vale destacar que a Lei Complementar nº 128/2008, que alterou dispositivos da Lei Complementar nº 1.232/06 e criou o Microempreendedor Individual – (MEI), em seu art. 56, criou a Sociedade de Propósito Específico para este tipo de empresário optante pelo Simples Nacional.

As SPE constituídas de pequenos negócios optantes pelo Simples Nacional são empresas com o objetivo de aumentar a competitividade de suas sócias, por meio da união de esforços para compras, revenda e promoção tanto no mercado interno quanto no externo. Trata-se de uma forma de viabilizar as centrais de compra, as centrais de venda e o marketing coletivo para os pequenos negócios, exercendo atividade de comércio (compra e venda de bens) e a sua respectiva promoção.

Em todos os casos, a principal finalidade da SPE deverá ser sempre a colaboração para consecução de objetivos comuns e específicos em grande ou pequeno empreendimentos.

Empresa Simples de Crédito – ESC

Desde abril de 2019, os micro e pequenos empresários brasileiros podem ter fácil acesso ao crédito por meio da Empresa Simples de Crédito (ESC).

A Empresa Simples de Crédito – ESC é um novo tipo de negócio que vai operações de empréstimos, financiamentos e desconto de título de crédito para pessoas jurídicas que se enquadram como microempreendedores individuais, microempresas e empresas de pequeno porte, utilizando-se exclusivamente de capital próprio.

De acordo com a Lei Complementar nº 123, de 14 de dezembro de 2006 (Lei do Simples Nacional) o objeto social deste tipo de empresa será:

> "*a realização de operações de empréstimo, de financiamento e de desconto de títulos de crédito, a serem realizados exclusivamente com recursos próprios e tendo como contrapartes microempreendedores individuais, microempresas e empresas de pequeno porte.*"

Coube a Instrução Normativa DREI nº 61, de 10 de maio de 2019 disciplinar tal tipo especial de sociedade sendo que, se adotar a forma de sociedade limitada, os sócios deverão ser pessoas naturais e do contrato social deverá constar declaração de que não participam de outra empresa simples de crédito, mesmo que seja sob a forma de empresário individual ou como titulares de Empresa Individual de Responsabilidade Limitada (EIRELI).

Como já destacado, o objeto social da ESC restringe-se à realização de operações financeiras exclusivamente com recursos próprios, tendo como contrapartes microempreendedores individuais, microempresas e empresas de pequeno porte, nos termos da Lei Complementar nº 123, de 14 de dezembro de 2006 (Lei do Simples Nacional).

O capital social da ESC deverá ser integralizado em moeda corrente (§ 2º do art. 2º da Lei Complementar nº 167, de 24 de abril de 2019), não sendo permitida a abertura de filiais (§ 4º do art. 2º da mesma Lei Complementar), dela podendo participar: o Empresário Individual; a Empresa Individual de Responsabilidade Limitada (EIRELI), e a Sociedade Limitada.

E em relação às demais especificidades aplicáveis à ESC, deverão ser observadas as regras aplicáveis à sociedade limitada.

Em resumo, as principais regras que devem ser seguidas pelas Empresas Simples de Crédito. Confira são as seguintes:

1. só podem oferecer empréstimos, financiamentos e descontos de título de crédito para microempreendedores individuais, empresas de pequeno porte e microempresas;

2. não podem utilizar nome ou fazer alusão a um banco já que ESCs não são consideradas instituições bancárias;

3. poderá adotar apenas um dos seguintes modelos de empresa: sociedade limitada, empresário individual ou empresa individual de responsabilidade limitada (EIRELI);

4. o volume de operações será limitado ao seu capital social, o que significa que a ESC só pode emprestar aos seus clientes recursos próprios;

5. a ESC não pode contrair empréstimos para emprestar mais recursos aos seus clientes;

6. a pessoa física só pode participar de uma ESC e está proibida a abertura de filiais;

7. o regime de tributação será, obrigatoriamente, pelo Lucro Real ou Presumido. Desta forma fica proibido o enquadramento no regime do Simples Nacional;

8. a atuação da ESC está restrita ao seu município de inscrição e arredores;

9. a receita bruta atual não pode ser superior a R$ 4,8 milhões;

10. a fonte de receita da ESC será oriunda, de forma exclusiva, dos juros recebidos das operações de empréstimo e financiamento realizadas.

A Microempresa (ME) e a Empresa de Pequeno Porte (EPP)

Feitas essas considerações em relação aos tipos de sociedade, parece adequado, a esta altura tratarmos de duas formas de funcionamento de sociedades, desde logo, destacando que, em relação às Sociedades Anônimas, tais procedimentos não se aplicam.

Apesar de não se tratar de sociedades empresariais na definição proposta, merecem destaque esses tipos de formas como podem ser exercidas suas atividades, daí a sua inclusão nessa parte deste livro, eis que, em verdade, elas hoje representam uma grande quantidade de sociedades que se regulam dessa forma para o exercício de suas atividades mercantis.

Existe uma legislação específica para proteção das pequenas e médias empresas no Brasil, é a Lei Geral das Microempresas e Empresas de Pequeno Porte, oriunda da Lei Complementar nº 123/2006, alterada e complementada pelas Leis Complementares nºs 147/2014, 155/2016 e 167/2019 e pela Lei nº 12.792/2013. Ela foi instituída em 2006 para regulamentar o disposto no art. 179 da Constituição Brasileira, que prevê o tratamento diferenciado e favorecido à microempresa e à empresa de pequeno porte.

Desde que foi criada, já foi objeto de alterações, mas permanece com o objetivo de contribuir para o desenvolvimento e a competitividade das microempresas e empresas de pequeno porte brasileiras, como estratégia de geração de emprego, distribuição de renda, inclusão social, redução da informalidade e fortalecimento da economia.

Porém, há uma confusão quando se fala em microempresa e empresa de pequeno porte, pois seu regramento resulta para as empresas de critérios que permitam obter as vantagens oferecidas pelo sistema Simples, tornando-se necessárias as suas definições, visto que existe diferença entre elas, estabelecidas por aspectos fiscais.

Assim é que a microempresa (ME) é a pessoa jurídica que hoje obtenha um faturamento bruto anual igual ou inferior a R$ 360.000,00 (trezentos e sessenta mil reais).

Da mesma maneira, Empresa de Pequeno Porte (EPP) é a pessoa jurídica que obtém hoje faturamento bruto anual superior a R$ 360.000,00 (trezentos e sessenta mil reais) e igual ou inferior a R$ 3.600.000,00 (três milhões e seiscentos mil reais).

E se a empresa ME conseguir faturar mais de R$ 360.000,00 de receita bruta passa automaticamente para a classificação de EPP. Do mesmo modo, se a EPP não faturar o total bruto anual superior a R$ 360.000,00, passa à condição de ME automaticamente.

Esses conceitos são definidos pela Lei Complementar nº 123/06, que estabelece os critérios para o enquadramento das empresas no Simples.

Assim sendo, apenas as empresas que se enquadram nas definições de ME ou de EPP é que poderão usufruir do Simples, pois como se observa das regras acima expostas, a distinção entre as duas formas é de caráter fiscal, não influindo no tipo de sociedade adotada, à exceção das sociedades anônimas, que não podem ter tais formas.

Resta destacar que o enquadramento e o desenquadramento da microempresa e da empresa de pequeno porte devem ser objeto de pedido próprio à Junta Comercial.

Além do acima exposto, merecem ser destacadas algumas diferenças que distinguem estes tipos de sociedade de outras atividades também desenvolvidas pelo empresário.

A primeira delas são os Microempreendedores Individuais (MEI), que são pessoas físicas que trabalhavam como autônomas e formalizam sua atividade, cujo faturamento anual apresenta um limite e não precisa ser declarado o capital social, bem como a quantia utilizada para iniciar o negócio. Registre-se que não pode ser MEI quem já é sócio em outra empresa ou quem pretende exercer uma profissão regulamentada, como a de médico ou advogado, por exemplo.

Quanto à segunda, o Empresário Individual é uma pessoa física que abre empresa sem sócios para exercer uma atividade sem limite de faturamento, definindo sua condição pelo valor de tal faturamento. Assim, por exemplo, se o empresário individual escolher o regime tributário do Simples Nacional, pode faturar até 360 mil reais por ano, consi- derado assim como uma microempresa, ou 3,6 milhões de reais por ano, sendo considerado uma pequena empresa. Caso escolha o Lucro Presumido, pode faturar até 78 milhões de reais por ano. Finalmente, destaque-se que quem pretende exercer uma profissão regulamentada não pode utilizar o CNPJ de empresário individual para isso.

Capítulo II

ASSUNTOS RELEVANTES

O Empresário

O Código Civil considera Empresário "quem exerce profissionalmente atividade econômica organizada para a produção ou a circulação de bens ou de serviços" (art. 966), regulamentando em seus arts. 967 a 971 as condições para o exercício de tal atividade.

O Direito possui uma definição específica para o empresário: é identificado como a pessoa (física ou jurídica) que produz bens ou executa serviços visando ao lucro, de forma habitual e independente, valendo-se dos fatores de produção.

Grosso modo, empresário é o nome dado a qualquer indivíduo que é dono de uma empresa. Seja pessoa física ou jurídica, além de criar a organização, ele também está envolvido na sua administração e operação.

Por vezes, o empresário assume todas as responsabilidades relativas ao cargo de executivo, em especial nas companhias menores. Dessa forma, ele realiza a função de planejar, organizar, dirigir e controlar os processos internos e guiar toda a estrutura para que o negócio se firme e cresça.

Identificaremos a seguir algumas características importantes para a conceituação de um empresário:

O "profissionalismo" exige uma habitualidade, não podendo, portanto, chamar de empresário aquele que desenvolve atividade de forma esporádica, mesmo que esta seja explorada de forma comercial.

A "atividade" é a empresa, e este conceito por vezes é utilizado de modo equivocado no cotidiano, mas "empresa" deve ser entendida como empreendimento, sendo esta a atividade em si, não podendo ser confundida com o estabelecimento comercial, que é o lugar onde é desenvolvida a atividade.

Ser "econômica", tendo na finalidade do empresário o desemprenho da atividade, que é a obtenção de lucro, pois este é essencial para manter o empreendimento. Lembremos também que, para alguns empreendimentos, a finalidade não é a obtenção de lucro, e mesmo diante disso, a empresa precisa deste para custear o empreendimento, sendo o lucro, nessa hipótese, considerado um meio e não a finalidade.

Que seja "organizada", que o empresário utilize os quatro fatores para articular sua atividade, sendo eles: capital, mão de obra, insumos e tecnologia.

E a última característica, que é a "produção de bens ou serviços", destinada à fabricação de produtos ou mercadorias e à prestação de serviços.

Numa linguagem menos técnica, o termo empresário se refere à pessoa proprietária de uma empresa, comércio ou indústria, responsável por dirigir e administrar com a finalidade primordial de obter benefícios econômicos, ou seja, obter lucro.

Assim, o empresário atende a várias áreas e atividades econômicas dentro da empresa, como é o caso das empresas agrícolas e pecuárias, das empresas de construção, de espetáculos, de vendas, de serviços, para nomear alguns dos exemplos mais comuns.

Em outras palavras, o empresário é aquele indivíduo vocacionado a gerenciar os meios de produção de modo que as suas atividades sejam voltadas à prestação de serviços ou fornecimento de produtos a terceiros, gerando lucro, para isso, este tem de reunir recursos que proporcionem o desenvolvimento dessas atividades.

Da mesma maneira que o empresário obtém lucro com a exploração do negócio, ele também é o responsável legal para arcar com seus compromissos.

O empresário tem por obrigação registrar-se na Junta Comercial antes de dar início a suas atividades, devendo manter escrituração regular dos seus negócios e periodicamente fazer demonstrações contábeis, podendo vir a se enquadrar como Microempreendedor Individual

(MEI), Empresa de Pequeno Porte (EPP) ou Microempresa (ME), mas para isso precisa atender às características inerentes a cada uma dessas possibilidades.

Deve ser ressaltado que o empresário não é qualquer indivíduo que exerça atividade comercial, para que tenha a denominação "empresário". Como vimos, ele deve cumprir uma série de requisitos, sendo estes cumulativos, de modo que na ausência de apenas um desses elementos, já não pode ser considerado um empresário.

Vale destacar que existem impedimentos para uma pessoa ser considerada empresário, não podem ser empresários:

a) o menor de 16 (dezesseis) anos e as pessoas relativamente incapazes, salvo quando autorizados judicialmente para continuação da empresa. (art. 974 do Código Civil) ;

b) os impedidos de ser empresário, tais como:

c) os chefes do Poder Executivo nacional, estadual ou municipal; (Revogado pela Instrução Normativa DREI nº 69, de 18 de novembro de 2019)

d) os membros do Poder Legislativo, como senadores, deputados federais e estaduais e vereadores, se a empresa "goza de favor decorrente de contrato com pessoa jurídica de direito público, ou nela exercer função remunerada";

e) os magistrados;

f) os membros do Ministério Público Federal;

g) os empresários falidos, enquanto não forem reabilitados;

h) as pessoas condenadas a pena que vede, ainda que temporariamente, o acesso a cargos públicos; ou por crime falimentar, de prevaricação, peita ou suborno, concussão, peculato; ou contra a economia popular, contra o sistema financeiro nacional, contra as normas de defesa da concorrência, contra as relações de consumo, a fé pública ou a propriedade, enquanto perdurarem os efeitos da condenação;

i) os leiloeiros;

j) os cônsules, nos seus distritos, salvo os não remunerados;

k) os médicos, para o exercício simultâneo da farmácia; os farmacêuticos, para o exercício simultâneo da medicina;

l) os servidores públicos civis da ativa, federais (inclusive ministros de Estado e ocupantes de cargos públicos comissionados em geral). Em relação aos servidores estaduais e municipais, observar a legislação respectiva;

m) os servidores militares da ativa das Forças Armadas e das Polícias Militares;

n) os estrangeiros (sem visto permanente); (Revogado pela Instrução Normativa nº 56, de 12 de março de 2019);

o) os estrangeiros naturais de países limítrofes, domiciliados em cidade contígua ao território nacional; (Revogado pela Instrução Normativa nº 56, de 12 de março de 2019);

p) os estrangeiros (com visto permanente), para o exercício das seguintes atividades;

q) os imigrantes, para o exercício das seguintes atividades: (Redação dada pela Instrução Normativa nº 56, de 12 de março de 2019)

– pesquisa ou lavra de recursos minerais ou de aproveitamento dos potenciais de energia hidráulica;

– atividade jornalística e de radiodifusão sonora e de sons e imagens;

– serem proprietários ou armadores de embarcação nacional, inclusive nos serviços de navegação fluvial e lacustre, exceto embarcação de pesca; e

– serem proprietários ou exploradores de aeronave brasileira, ressalvado o disposto na legislação específica; (Revogado pela Instrução Normativa nº 56, de 12 de março de 2019)

Posição dos herdeiros antes do inventário.

Tal matéria, a par da regra legislada pelo disposto no art. 1.784 do Código Civil, tem na sua aplicação a predominância do entendimento pretoriano, sendo de destaque, dentre outras, decisão da Terceira Turma do Superior Tribunal de Justiça ao apreciar o REsp 1645672-SP, relator ministro Marco Aurélio Bellizze, em decisão de 22.08.2017, consolidando orientação no sentido de que:

> *"Enquanto estiverem pendentes a abertura do inventário e a realização da partilha, o herdeiro não tem legitimidade para pleitear judicialmente o recebimento de*

valores relativos à cota social a que supostamente teria direito em razão do falecimento do seu genitor."

Tal decisão fundamentou-se ao afirmar que a legitimidade para propositura de eventual ação de dissolução empresarial recai sobre o espólio em virtude do princípio da preservação da entidade empresária e tendo em vista que a substituição do sócio falecido, e, portanto, de sua cota social, não ocorre por mera sucessão hereditária, mas em razão de adesão ao contrato social após a partilha.

Tal posição jurisprudencial tem a lhe dar amparo legal o disposto nos arts. 1.997 do Código Civil e 796 do Código de Processo Civil, que de forma e objetivos idênticos regulam a matéria, valendo destacar:

> Art. 1.997 (Código Civil) – A herança responde pelo pagamento das dívidas do falecido, mas feita a partilha, só respondem os herdeiros, cada qual em proporção da parte que na herança lhe coube.
>
> Art. 796 (Código de Processo Civil) – O espólio responde pelas dívidas do falecido, mas feita a partilha, cada herdeiro responde por elas dentro das forças da herança e na proporção da parte que lhe coube.

Ainda sobre o assunto, o STJ, através de decisão recente, mais uma vez consolidou a posição do espólio e dos herdeiros do falecido, assim decidindo: *Enquanto não aberto o inventário e realizada a partilha de bens, o espólio responde pelas dívidas do falecido, nos termos dos arts. 1.997, caput, do CC/2002 e 597 do CPC/1973 (art. 796 do CPC/2015)".* (Agint nos EDCl no AREsp 698185/SP, Relator Min. Raul Araújo, 4ª Turma STJ, em 20.08.2019, DJe 09.09.2019)

Assim, parece-nos definida a questão, porém, ainda sobre o tema, a esta altura merece destaque o Princípio da *Saisine* que, por sua natureza e origem, poderia causar alguma posição contrária à manifestação pretoriana.

Esse princípio, de origem francesa, assim se define: "A posse dos bens do *de cujus* se transmite aos herdeiros, imediatamente, na data de sua morte", diga-se de passagem, princípio consagrado no Código Civil em seu art. 1.784.

Porém, a jurisprudência consolidada e pacífica do Superior Tribunal de Justiça, ao examinar tal regra, já se firmou de forma diversa no sentido de que, os herdeiros, neste primeiro momento, imiscuir-se-ão apenas na posse indireta dos bens transmitidos. A posse direta ficará a cargo de quem detém a posse de fato dos bens deixados pelo de cujus ou do inventariante, a depender da existência ou não de inventário aberto." (REsp nº 1.645.672 – SP, Rel. Ministro Marco Aurélio Bellizze, 3ª Turma STJ, em 22.08.2017).

Posição esta que consolida manifestações anteriores daquela Corte Superior de Justiça do nosso País, em outras tantas decisões, das quais colecionamos as seguintes: REsp nº 537.363 – RS, Relator Ministro Vasco Della Giustina (Desembargador Convocado do TJ/RS), 3ª Turma, em 20.04.2010, e, REsp 1.125.510 – RS, Relator Ministro Massami Uyeda, 3ª Turma, em 06.10.2011, deste último merecendo destaque parte da ementa que transcrevemos, por sua atualidade com a atual jurisprudência.

> "*Ressalte-se, contudo, que os herdeiros, neste primeiro momento, imiscuir-se-ão apenas na posse indireta dos bens transferidos. A posse direta, conforme se demonstrará, ficará a cargo de quem detém a posse de fato dos bens deixados pelo de cujus ou do inventariante, a depender da existência ou não de inventário aberto; [...]*"

Assim, embora o Princípio da Saisine, corolário da premissa de que inexiste direito sem o respectivo titular, a herança, compreendida como sendo o acervo de bens, obrigações e direitos, transmite-se, como um todo, imediata e indistintamente aos herdeiros, não encontra ressonância em nosso direito pretoriano.

Assim, podemos concluir que está consolidada a orientação de que a posse direta dos bens do *de cujus* estará a cargo do administrador provisório (art. 613 do CPC) ou do inventariante (art. 618, I do CPC), detendo os herdeiros a posse indireta sobre estes, enquanto não encerrado inventário e expedido o Formal de Partilha, estando a representação do espólio a cargo dos agentes acima definidos e na forma consignada.

O espólio na sociedade limitada

Tendo em vista a importância do tema e interpretações por vezes contraditórias em relação à situação do espólio em uma sociedade limitada, tomamos a iniciativa de destacar algumas observações a respeito, desde logo, deixando claro não ter a pretensão de exaurir o assunto, mas apenas de apresentar nosso ponto de vista, através dessas rápidas informações, e que, certamente, serão ampliadas e abrilhantadas pelas opiniões daqueles que por elas se interessarem, na busca cada vez maior do seu estudo numa área dinâmica, como ocorre ser o Direito Societário, ramo vivo e sempre em evolução do Direito Comercial.

Desde logo, cabem-nos algumas palavras sobre a figura do espólio, nunca sendo demais destacarmos que a orientação doutrinária e jurisprudencial, consolidada pelo regramento legal próprio, são ricos no seu estudo, e que tem na norma substantiva civil vigente seu ponto de partida.

Assim é que estabelece o parágrafo 1º do art. 1.056 do Código Civil: "No caso de condomínio de quota, os direitos dela inerentes somente podem ser exercidos pelo condômino representante, ou pelo inventariante do espólio de sócio falecido".

Vê-se pois que a regra geral para o estudo do assunto nasce da interpretação e aplicação desta norma em relação à posição do espólio, aos direitos derivados da condição de sócio e ainda como e até quando devem ser exercitados e por quem, perante a sociedade e terceiros.

O primeiro ponto que deve merecer a nossa atenção, como já mencionado, refere-se ao espólio, que é conceitualmente sabido e definido como uma personalidade judiciária (possibilidade de estar em juízo), porém não uma personalidade jurídica (capacidade plena por todos os atos da vida civil). Assim, o espólio não tem permissão legal para ingressar na sociedade, mas lhe permite a lei que represente os interesses e direitos do sócio pré-morto e de seus herdeiros até que seja concluída a partilha, sendo até então exercidos todos os atos societários pelo administrador provisório (art. 613 CPC) e posteriormente o inventariante, como representante do espólio de sócio falecido.

Vale destacar a manifestação da 3ª Turma do STJ ao apreciar o REsp 1055.819-SP, tendo como relator o Ministro Massami Uyeda, de

16.03.2010 (in Informativo nº 0427– Período 15 a 19 de março de 2010), ao afirmar que: "O espólio é uma ficção jurídica".

Numa definição bem objetiva, o espólio significa patrimônio, isto é, todos os bens, direitos e obrigações deixadas por alguém que veio a falecer.

Nesta altura, não sendo demais destacarmos a lição de Hernani Estrella, que assim se manifesta sobre o tema: "A vocação hereditária se opera exclusivamente na esfera patrimonial, jamais a respeito da relação pessoal, como é aquela que deriva da qualidade de sócio". (Apuração de Haveres, p. 70)

Resulta daí merecer destaque a regra fixada pelo art. 981 do Código Civil ao determinar que "Celebram contrato de sociedade as pessoas que reciprocamente se obrigam a contribuir, com bens ou serviços, para o exercício de atividade econômica e a partilha, entre si, dos resultados".

E, por conclusão lógica o espólio, que não é uma pessoa jurídica, como acima desatacado, tratando-se de uma personalidade judiciária, com possibilidade de estar em juízo, mas nunca de contrair direitos e obrigações autônomos, além da sua função transitória até que o inventário e a partilha se concluam, valendo, a esta altura, lembrar as palavras de Miguel Reale ao afirmar que: "O que não se pode admitir é que a relação jurídica se estabeleça entre uma pessoa e uma coisa: só pessoas podem ser sujeitos de uma relação jurídica, e sem duas ou mais pessoas ela não se constitui".

Em suma, falecido o sócio, as prerrogativas pessoais do *status socii* não se transmitem automaticamente aos herdeiros ou sucessores, apesar da regra do art. 1.784 do Código Civil, em face da construção jurisprudencial, como já comentado e muito menos ao espólio que, repita-se, não é uma pessoa jurídica, não lhe sendo possível, por tal motivo, possuir quotas sociais, ainda que transitoriamente.

Definida a posição do espólio, merece destaque a sua definição, aceita de forma consolidada, como o conjunto de bens que integra o patrimônio deixado pelo *de cujus* e que será partilhado no inventário.

Em resumo, espólio significa patrimônio, isto é, todos os bens, direitos e obrigações deixados por alguém que veio a falecer, sendo ele representado pelo inventariante nos termos do art. 618, I, do Código de

Capítulo II – Assuntos Relevantes

Processo Civil, ao dispor que a ele incumbe "representar ativa e passivamente, em juízo ou fora dele...".

Consolidada a figura e a situação jurídica do espólio, passaremos neste estudo ao exame da regra determinada pelo art. 1.028, I, do Código Civil, ao dispor:

"No caso de morte de sócio, liquidar-se-á sua quota, salvo:

I – se o contrato dispuser diferentemente:"

Como consequência direta de tal disposição legal, ressalta a primazia da vontade das partes expressa no contrato que nada mais é do que o exercício do livre direito de contratar e que na sociedade limitada tem seu apanágio na *affectio societatis* que, por definição, consiste na intenção dos sócios de constituir uma sociedade, representando a declaração de vontade expressa e manifestada livremente pelo(s) sócio(s) de desejar(em), estar(em) e permanecer(em) juntos na sociedade, elemento prevalente sobre todas as demais regras aplicáveis nesse tipo societário.

Assim, no dizer de Sérgio Campinho:

> O contrato pode prever, segundo o art. 1.028, I do Código Civil, por exemplo, que a sociedade permaneça mediante a representação do espólio do sócio falecido, na forma da lei, ou seja, por seu inventariante, conforme previsto na norma adjetiva civil, até a partilha com a posterior resolução parcial da sociedade, na forma do art. 1.031 do mesmo regramento legal, ou a substituição do sócio falecido por seus herdeiros, legatários e meeiros. (2007, p. 125-126).

Em suma, falecido o sócio, as prerrogativas pessoais do *status socii* não se transmitem automaticamente aos herdeiros ou sucessores e muito menos ao espólio que, repita-se, pessoa jurídica não o é, não lhe sendo possível, por tal motivo, possuir quotas sociais, ainda que transitoriamente, passando a sua representação ao administrador provisório ou ao inventariante.

Num resumo bem simples, o espólio é uma massa de bens e não pode ser sujeito de uma relação jurídica, os direitos derivados da condição de sócio. E, uma vez este falecido, devem ser exercidos perante a sociedade e terceiros pelo inventariante do espólio, porém apenas até que se ultime a partilha.

Finalmente e por derradeiro, a esta altura complementando o já exposto, merece ser ressaltado que, no processo de sucessão, é clara e insofismável a diferença entre espólio e herança; eis que espólio são os bens deixados, enquanto herança não são apenas os bens, mas também os direitos e deveres que deixa uma pessoa que falece.

A função social da empresa

Antes do exame específico do tema, é importante que se defina o que venha a ser a empresa, e de forma objetiva, que se defina a hoje consagrada Teoria da Empresa que, segundo Alexandre Puppin, em sua obra "A função social da empresa: uma nova perspectiva para o direito empresarial" (2005, nº 5, p. 16):

> É representada pelo próprio empresário e caracteriza-se como um conjunto de atos que tendem a organizar os fatores de produção para a distribuição ou produção de determinados bens ou serviços, sendo um patrimônio afetado a uma finalidade específica e a um núcleo social organizado.

Segundo estudiosos do direito das empresas, foi nos Estados Unidos que se originou a discussão acerca da responsabilidade social da empresa. O ponto culminante foi a Guerra do Vietnã, quando a sociedade começou a contestar as políticas que estavam sendo adotadas pelo país e pelas empresas, principalmente aquelas que estavam diretamente envolvidas na fabricação de armamentos bélicos.

Em consequência deste movimento, surgiram os primeiros relatórios socioeconômicos que objetivavam delinear as relações da empresa com a sociedade. Tais relatórios, chamados de Balanços Sociais, apresentaram-se como forma de ligação entre empresa, funcionários e comunidade.

A consolidação do tema no direito brasileiro se consubstancia no art. 5º da Lei de Introdução às Normas do Direito Brasileiro, conforme nomenclatura determinada pela Lei nº 13.655, de 25 de abril de 2018, com a redação definida pela Lei nº 12.376/2010, ao determinar que:

"Art. 5º – Na aplicação da lei, o juiz atenderá aos fins sociais a que ela se dirige e às exigências do bem comum".

A função social da empresa está prevista pelo ordenamento legal e inserida no bojo da Constituição Federativa do Brasil, em seu art. 5º, inciso XXIII, que enfatiza: "a propriedade atenderá a sua função social". E, por fim, no art. 186, que pontua que "a função social da propriedade rural é cumprida quando a propriedade rural atende, simultaneamente, segundo critérios e graus de exigência estabelecidos em lei [...]".

Destaque-se ainda que, além de estar contida na Constituição da República, a função social da empresa também se acha presente no Código Civil Brasileiro, em seu art. 421, que determina "a liberdade de contratar será exercida em razão e nos limites da função social do contrato", e art. 1.228, § 1º do mesmo diploma legal definindo que

> O direito de propriedade deve ser exercido em consonância com suas finalidades econômicas e sociais de modo que sejam preservados, de conformidade com o estabelecido em lei especial, a flora, a fauna, as belezas naturais o equilíbrio ecológico e o patrimônio histórico e artístico, bem como evitada a poluição do ar e das águas.

Não sendo diferente a posição fixada pela Lei nº 6.404/1976, ao estabelecer em seu art. 116, parágrafo único, que:

> O acionista controlador deve usar o poder com o fim de fazer a companhia realizar o seu objeto e cumprir sua função social, e tem deveres e responsabilidades para com os demais acionistas da empresa, os que nela trabalham e para com a comunidade em que atua, cujos direitos e interesses deve lealmente respeitar e atender.

Também a sociedade de economia mista e a empresa pública terão que cumprir sua função social, estabelecendo a Carta Magna que a lei ficará na incumbência de traçar seu estatuto jurídico, incluindo suas subsidiárias que explorem atividade econômica de produção ou comercialização de bens ou de prestação de serviços, dispondo sobre sua função social e formas de fiscalização pelo Estado e pela sociedade, estabelecendo a Lei 13.303/2016, que: "Art. 27. A empresa pública e a sociedade de economia mista terão a função social de realização do interesse coletivo ou de atendimento a imperativo da segurança nacional expressa no instrumento de autorização legal para a sua criação".

Com isso é possível afirmar que a função social empresarial não é fruto apenas da propriedade, mas também da função social do contrato, predito no art. 421 do Código Civil, isso porque o contrato, mesmo sendo um ato entre particulares, é uma via de organização econômica e social que, assim sendo, carece de considerar não só os interesses particulares, mas também institucionais e da atividade econômica que o cercam.

Vale frisar ainda que o Conselho de Justiça Federal, durante a I Jornada de Direito Civil, editou o enunciado 53, Direito da Empresa– art. 966, C. Civil, que determina: "Deve-se levar em consideração o princípio da função social na interpretação das normas relativas à empresa, a despeito da falta de referência expressa".

O estudo desse princípio, no Brasil, remonta ao conhecido ensaio "Função social de propriedade dos bens de produção", de autoria de Fábio Konder Comparato, *apud* "Função social de propriedade dos bens de produção" (Tratado de Direito Comercial. São Paulo. Saraiva, 2015, pp. 125-135, e adentrando a conceituação do tema, além da previsão legal, a função social também é objeto de estudo pela doutrina, mais uma vez se destacando o Mestre acima citado em seu livro "Estado, Empresa e Função Social" (São Paulo, Revista dos Tribunais, 1995, p. 65), ao afirmar que, "Função, em direito, é um poder de agir sobre a esfera jurídica alheia, no interesse de outrem, jamais em proveito do próprio titular. [...] É nessas hipóteses que se deve falar em função social ou coletiva. [...] em se tratando de bens de produção, o poder-dever do proprietário de dar à coisa uma destinação compatível com o interesse da coletividade transmuda-se, quando a tais bens são incorporados a uma exploração empresarial, em poder-dever do titular do controle de dirigir a empresa para a realização dos interesses coletivos."

Segundo Eduardo Tomasevicius Filho, em seu livro "A função social da empresa" (2003, p. 40), "A função social da empresa constitui o poder-dever de o empresário e os administradores da empresa harmonizarem as atividades da empresa, segundo o interesse da sociedade, mediante a obediência de determinados deveres, positivos e negativos".

Ezio Carlos Baptista (p. 167) lembra que "Os interesses que gravitam em torno de uma sociedade não são exclusivos de seus sócios na busca incessante do lucro, mas existe também num empreendimento econômico um interesse público e social".

Dentro destas linhas de pensamento, vale lembrar que, apesar de ser estritamente relevante a finalidade lucrativa da empresa, não pode ser ignorada sua função social e que essa função não deve ser de assistência social ou filantrópica. Portanto, primeiramente, deve-se reconhecer que a função social nunca pode ocupar a função econômica da empresa nem usurpar seu meio de sobrevida, que é a lucratividade.

Na empresa, lucro e função social devem ser vistos e tratados de forma harmônica. Para que o papel social seja cumprido, não basta que a empresa funcione, o que é necessário são as decisões dos administradores, que sempre devem ser voltadas para o bem comum, sem que se esqueça, entretanto, o escopo final de qualquer empresa, que é o lucro.

Assim, por possuir uma finalidade determinada, a empresa passou a ser uma instituição não só mercantil, mas também social, vez que provê grande parte dos bens e serviços da sociedade e dá ao Estado importante parcela das suas receitas fiscais. De outro tanto, a empresa é ainda responsável pelo emprego de grande parcela da comunidade onde está inserida, caracterizando-se assim como uma das garantias fundamentais do sustento, geração e circulação de renda, bens e capitais da sociedade.

Conforme defendem inúmeros estudiosos da área e ainda em face do teor da Carta Magna Brasileira e do Código Civil Brasileiro, não se pode permitir que o empreendimento atue somente em prol do lucro e prosperidade do próprio empresário. A *performance* empresarial deve sempre visar ao bem-estar social e ambiental, privilegiando o desenvolvimento sustentável, o tratamento especial à extração de recursos naturais e os valores éticos da sociedade. Além disso, deve devotar parte de seus recursos ao bem-estar público e propósitos humanitários e educacionais.

Cabe ressaltar ainda que a função social da empresa deve incluir a criação de riquezas e de oportunidades de emprego, qualificação e diversidade de força de trabalho, estímulo ao desenvolvimento científico por intermédio de tecnologia, e a melhoria da qualidade de vida por meio de ações educativas, culturais, assistenciais e de defesa do meio ambiente.

Todas essas constatações nos parecem de percepção fácil quanto ao importante papel econômico e social que a empresa exerce na comunidade, servindo de impulso ao desenvolvimento da nação e do povo, possuidora, portanto, de função e responsabilidade social, a par de suas características voltadas para o mercantilismo.

Finalmente, destacamos que tal caraterística já está consagrada por manifestação do Superior Tribunal de Justiça, e se consolidou em nosso Direito Pretoriano, não sendo demais destacar trecho do acórdão do REsp 1207117/MG, sendo seu Relator o Ministro Luís Felipe Salomão (4ª Turma – julgado em 10.11.2015, publicado no DJe de 25.11.2015), que transcrevemos:

> 3. De acordo com orientação do Superior Tribunal de Justiça, "o art. 47 da Lei de Falências serve como um norte a guiar a operacionalidade da recuperação judicial, sempre com vistas ao desígnio do instituto, que é viabilizar a superação da situação de crise econômico-financeira do devedor, a fim de permitir a manutenção da fonte produtora, do emprego dos trabalhadores e dos interesses dos credores, promovendo, assim, a preservação da **empresa**, sua **função social** e o estímulo à atividade econômica." (destaques do original)

O princípio da preservação da empresa

Nas últimas décadas, as organizações empresariais deixaram de ser vistas como meros agentes produtivos. Essa nova percepção vê na empresa muito mais do que máquinas, mercadorias e lucro. Antes e acima disso, visualiza-se o capital humano como princípio e fim de sua atividade. À geração de emprego, renda e tributos, acrescentam-se o respeito à sociedade e ao meio ambiente, sendo por demais reconhecido que a cessação das atividades empresariais resulta em consequências extremamente perniciosas não só no mundo dos negócios, mas também para a coletividade.

As empresas são o alicerce da economia dos países capitalistas. A geração de emprego, tributos e a inovação tecnológica têm como base a atividade empresarial. Ciente dessa realidade, o Direito moderno volta-se à proteção dessa fonte geradora de riquezas. Ao lado da proteção ao trabalhador e ao meio ambiente, a empresa passa a ser vista como organismo merecedor da tutela estatal, ante os seus fins, que extrapolam o mero lucro.

Nesse sentido, e demonstrados os objetivos da empresa, merece destaque a preservação da empresa, princípio que lhe dá o devido suporte, valendo destacar duas disposições legais atuais que apresentam dispositivos regradores da matéria, a saber a Lei nº 11.101, de 9 de fevereiro de 2005 (a nova Lei de Falências e Recuperação de Empresas), e a Lei nº 13.874, de 20 de setembro de 2019 (Lei da Liberdade Econômica).

Quanto à primeira, que veio substituir o Decreto-Lei nº 7.661, de 21 de junho de 1945, ressalvado o estabelecido em seu art. 192, traçou novas diretrizes para o tema, em particular no que se refere à recuperação judicial, à extrajudicial e à falência, modernizando sua sistemática, com destaque à primeira, o estabelecido pelo seu art. 47, que bem define o seu sentido, ao dispor:

> A recuperação judicial tem por objetivo viabilizar a superação da situação de crise econômico-financeira do devedor, a fim de permitir a manutenção da fonte produtora, do emprego dos trabalhadores e dos interesses dos credores, promovendo assim a preservação da empresa, sua função social e o estímulo à atividade econômica.

E, mais recentemente a Lei nº 13.874/2019, ao introduzir o art. 49-A e seu parágrafo único no Código Civil, dispositivo determinando expressamente no seu parágrafo único o mesmo sentido da preservação da empresa:

> Art. 49-A. Parágrafo único. A autonomia patrimonial das pessoas jurídicas é um instrumento lícito de alocação e segregação de riscos, estabelecido pela lei com a finalidade de estimular empreendimentos, para a geração de empregos, tributo, renda e inovação em benefício de todos.

Se atentarmos para a forma como vem se posicionando o Superior Tribunal de Justiça, na aplicação do princípio da preservação da empresa, em relação a vários casos postos para sua análise e decisão, em relação especialmente à Lei nº 11.101, de 9 de fevereiro de 2005 (Lei de Falências e Recuperação de Empresas), ele tem firmado entendimento de que os pedidos de falência lastreados em títulos executivos extrajudiciais de pequeno valor não merecem acolhida, valendo destacar a seguinte decisão:

> Com fundamento no princípio da preservação da empresa, deve-se concluir não ser razoável autorizar a quebra de uma empresa com base na impontualidade no pagamento de dívida de pequeno valor. (STJ, Relator Ministro Sidnei BENETI, Recurso Especial nº 805.624).

Nesse sentido, como se vê, o Superior Tribunal de Justiça impõe limite para a aplicação do procedimento falimentar, preocupado com a manutenção das empresas em dificuldades e ante as consequências que decorrem do encerramento das atividades produtivas. A jurisprudência do STJ, ao prestigiar a aplicação do princípio da preservação da empresa, prioriza o interesse público residente na manutenção das atividades empresariais.

Ainda sobre o assunto, destacando-se que, em face do texto expresso do art. 94, I da Lei nº 11.101/2005, foi estabelecido limite mínimo de 40 (quarenta) salários mínimos "... para a obrigação líquida materializada em título ou títulos executivos protestados para a decretação da falência".

Em conclusão, observa-se que os dois títulos acima abordados se interligam e apresentam liames que os tornam integrantes de um mesmo conceito, de que a empresa deve ser tratada e tida acima dos interesses e vontades individuais de seus criadores, ultrapassando as suas vontades, passando a representar o que ela efetivamente é, um ser originariamente incorpóreo, que se transforma numa instituição sólida e independente regendo-se por conceitos e princípios próprios, que lhes acarreta obrigações mais amplas.

O conselho fiscal na sociedade por cotas de responsabilidade limitada

O Código Civil, em seus arts. 1.066 a 1.070, criou e disciplinou um novo órgão das sociedades limitadas – o Conselho Fiscal que, não tendo caráter obrigatório, possui atribuições bem definidas e é eleito em reunião dos sócios quotistas.

Normalmente, apenas as sociedades de grande porte, formadas por um número significativo de sócios ou que tenham atividade empresarial relevante, optam por criar o conselho fiscal, que deve ser formado por, no mínimo, três membros efetivos e respectivos suplentes, que podem ser ou não sócios.

Os seus membros são escolhidos em assembleia geral anual, assegurando-se aos sócios minoritários, que representem pelo menos 1/5 (20%) do capital social, o direito de eleger, separadamente, um dos seus membros e o respectivo suplente.

Uma vez constituído, não se subordina nem é superior aos demais órgãos da sociedade, com sua atribuição exclusiva, não podendo praticar atos privativos dos outros órgãos, como os outros não poderão suprir sua atuação e competência, quando criado pelo contrato social.

Vale destacar que os pareceres emitidos pelos conselheiros fiscais são apenas opinativos, não estando a eles vinculados os administradores ou a deliberação dos sócios, competindo-lhes na hipótese de supostas irregularidades comunicá-las para deliberação dos sócios.

Ao sinalizar o Código Civil com esse novo órgão àqueles que se unem em uma sociedade, estabeleceu padrões para os que administrarem as sociedades limitadas, visto que o administrador de uma sociedade movimenta uma série de interesses, tais como os da própria sociedade e das comunidades em que estão inseridos.

Note-se que a sociedade limitada não precisa ter conselho fiscal, mas se o contrato dispuser sobre sua adoção, sem prejuízo dos direitos de fiscalização normalmente exercidos pelos sócios, o conselho fiscal tem atribuições legais expressas para exercer o controle fiscal da administração social (art. 1.069, incisos I a VI – Código Civil), além de outras fixadas pela sociedade, através de seus sócios. Dessa forma, possuir ou não um conselho fiscal é opção dos sócios, sem prejuízo dos direitos de fiscalização normalmente por eles exercidos, mas uma vez criado sua atividade é obrigatória.

Como já destacado, justo é que se reconheça a existência de limites na atuação do conselho fiscal, não existindo nenhuma ascendência hierárquica sobre os diretores e administradores, e em especial o controle dos critérios discricionários que orientam a administração da sociedade, sendo que o conselho fiscal não tem competência para avaliar a pertinência de supostas irregularidades, competindo-lhe, como já mencionado, imediatamente, apresentar suas conclusões para deliberação dos sócios, estando previsto no artigo 1.069 do Código Civil, as atribuições que lhe compete, como Conselho ou individualmente por seus membros.

A esta altura, merecem destaque as palavras de José Edwaldo Tavares Borba, em sua obra "Direito societário" (2003, p. 429), ao entender que cabe ao Conselho Fiscal opinar sobre propostas de modificação de capital, porém tal regra não encontra respaldo legal, mas sim de entendimento respeitável ante o que se espera desse órgão, apesar de suas limitações, particularmente, no que se refere à prática de atos privativos de outros órgãos societários.

Em síntese, a função essencial do conselho fiscal é a de exercer permanente fiscalização sobre os órgãos de administração da sociedade, especificamente em relação às contas e à legalidade e regularidade dos atos de gestão, disponibilizando aos sócios informações necessárias para o direito de fiscalizar e exarar parecer sobre a regularidade das prestações de contas, cuja decisão foge a sua competência.

Destituição de administradores e exclusão de sócio de sociedade limitada

Trata-se de matéria de real importância, especialmente, nas sociedades limitadas, tendo sido recentemente alterada sua forma de aplicação pela Lei nº 13.874, de 20 de setembro de 2019, e que antes já a Lei nº 13.792, de 3 de janeiro de 2019, havia tratado, além de ter sido objeto de apreciação pelo Código Civil no seu art. 1.063, parágrafo 1º, e no art. 1.085, parágrafo único.

Matéria de grande relevância no andamento e por vezes na própria sobrevivência de sociedades, com ênfase às limitadas, e que se tornava, em alguns casos, causa da sucumbência delas por desavenças entre sócios majoritários e minoritários.

A Lei nº 13.792/19, publicada no Diário Oficial da União em 4 de janeiro de 2019, trazia mais flexibilidade às sociedades limitadas ao reduzir de dois terços para mais da metade do capital social o quórum mínimo para destituição de administrador-sócio nomeado no contrato social, dando nova redação aos dispositivos do Código Civil, tornando possível a solução das controvérsias em ambos os casos, de forma mais flexível, através das seguintes disposições:

> Art. 1.063
> § 1º Tratando-se de sócio nomeado administrador no contrato, sua destituição somente se opera pela aprovação de titulares de quotas correspondentes a mais de metade do capital social, salvo disposição contratual diversa.
>
> Art. 1.085
> Parágrafo único. Ressalvado o caso em que haja apenas dois sócios na sociedade, a exclusão de um sócio somente poderá ser determinada em reunião ou assembleia especialmente convocada para esse fim, ciente o acusado em tempo hábil par permitir seu comparecimento e o exercício do direito de defesa.

No âmbito administrativo do Registro de Empresas Mercantis, o DREI, através da IN nº 54, de 17 de janeiro de 2019 (DOU de 18 de janeiro de 2019) alterou o Manual de Registro de Sociedade Limitada, aprovado pela IN DREI nº 38, de 2017, estabelecendo as regras a serem respeitadas e cumpridas, no caso da destituição do administrador e na hipótese da exclusão de sócio.

Em resumo, quanto à exclusão do sócio minoritário em relação à sociedade de apenas dois sócios, foi regulado pela Instrução Normativa acima referida da seguinte forma: "Sem a necessidade de reunião ou assembleia, o sócio que detiver mais da metade do capital social poderá excluir o sócio minoritário da sociedade, se entender que este está pondo em risco a continuidade da empresa, em virtude de atos de inegável gravidade".

Concluindo a referida Instrução Normativa:

> A efetivação da exclusão do sócio minoritário se dará mediante arquivamento de alteração do contrato social:

a) desde que haja permissão de exclusão por justa causa no contrato social ou em alteração anterior devidamente arquivada; e

b) que contenha expressamente os motivos que justificam a exclusão por justa causa.

Apenas restando observar em relação à dispensa de reunião ou assembleia geral para fins de exclusão de sócio em sociedade limitada que tenha apenas dois sócios, pois poderá se tornar polêmica, caso configure uma forma de tolher direitos de sócio minoritário.

Em relação às sociedades que tiverem administradores nomeados no contrato, agora basta a manifestação de mais da metade do capital social, sem outras exigências para destituição de sócio nomeado administrador no contrato social, não devendo causar grandes discussões.

Tais normas, ao definirem as regras disciplinadoras da destituição do administrador nomeado no contrato e da exclusão do sócio minoritário da sociedade de dois sócios, tiveram por escopo a consagração do entendimento quanto à natureza das sociedades limitadas como sociedades de capital em contrapartida com a sociedade de pessoas.

Em ambas as hipóteses prevalece o critério do capital aportado na sociedade, sobre as pessoas que a constituem, em que o poder de decisão está subordinado ao interesse maior representado pelo capital social.

Tal forma de decisão não acarretará nenhum desrespeito ou prejuízo ao destituído do cargo ou ao excluído da sociedade, cujos direitos são respeitados, mantendo o sócio, na primeira hipótese, seus direitos societários e, na segunda, o recebimento de seus haveres sociais, na forma contratualmente justada ou por outra forma amigável ou judicial.

Nesta altura, ainda que brevemente, devemos tecer um rápido comentário quanto às sociedades de pessoas, que se caracterizam quando no contrato social existirem cláusulas de controle, isto é, em que as pessoas que compõem a sociedade sejam mais priorizadas do que o capital investido, visando preservar a relação pessoal entre os sócios, por exemplo, estabelecendo cláusula no contrato evitando a cessão de quotas para terceiro(s), sem que os demais sócios concordem com tal procedimento.

São exemplos de cláusula de controle, as assim expressas:

1. "na cessão das quotas, será necessária a autorização de todos os sócios…"

2. "em caso de sucessão, os herdeiros serão ressarcidos, não ocupando o lugar do sócio"

Destaque-se que são sociedades obrigatoriamente de pessoas:

- Sociedade Simples "pura". Isso porque, na própria lei, se encontram cláusulas de controle.
- Sociedade em Nome Coletivo.
- Sociedade em Comandita Simples.
- Cooperativa.

Reitere-se que as sociedades de capital são aquelas em que a relação pessoal entre os sócios não tem relevância; a única coisa que interessa é alcançar o fim social. Por esse motivo, na sociedade de capital não se encontram as cláusulas de controle. Existe apenas uma espécie societária que será obrigatoriamente sociedade de capital: a Sociedade Anônima.

O registro de filial de sociedade no Registro Público de Empresas

Tema diretamente envolvido com os aspectos societários, como procuramos enfatizar neste livro, de real importância para aqueles partícipes do Registro Público de Empresas Mercantis, pareceu-nos de boa norma dar destaque ao contido na Instrução Normativa DREI nº 66, de 6 de agosto de 2019, que alterou a Instrução Normativa DREI nº 20, de 5 de dezembro de 2013, e os Manuais de Registro, aprovados pela Instrução Normativa DREI nº 38, de 2 de março de 2017, "… no que diz respeito ao deferimento pela Junta Comercial da sede dos atos relativos à abertura, alteração, transferência e extinção de filial em outra Unidade da Federação".

Apresenta a Instrução Normativa, procedimentos voltados ao assunto, representando tal modificação uma nova forma na execução da formalização dos atos relativos às filiais das empresas.

Pela nova norma, todo o procedimento e controle no que se refere aos atos relativos à abertura, alteração, transferência e extinção de filial em outra Unidade da Federação passa a ser feito pela Junta Comercial onde se localizar a sede da empresa, não possuindo a Junta Comercial onde se localizar a filial nenhum procedimento a ser adotado, limitando-se a receber da Junta Comercial da matriz da empresa, de forma eletrônica, tal comunicação, cabendo à Junta Comercial onde se localizar a respectiva filial apenas a recepção dos dados e o seu armazenamento.

Tal regramento é mais um procedimento dentre os adotados no intuito de reduzir os prazos e regras de formalização de atos pelos órgãos do Registro Público de Empresas Mercantis e que tem na Lei nº 13.874/2019 seu embasamento legal. Em relação aos procedimentos a serem adotados de forma interna entre os órgãos competentes, na espécie, as Juntas Comerciais, tomamos por modelo os editados pela Junta Comercial do Estado do Rio de Janeiro. Eis que tais regras são emanadas de forma uniforme pelo DREI.

Procedimentos

Visando à otimização de tal procedimento pelas Juntas Comerciais para todo o Brasil, foram estabelecidas orientações que passamos a relacionar, mais uma vez, tomando por base as editadas pela Junta Comercial do Estado do Rio de Janeiro, como segue:

1º – As viabilidades deverão ser solicitadas ao "Integrador Estadual da Junta Comercial" correspondente ao endereço desejado para funcionamento do estabelecimento. O Documento Básico de Entrada (DBE) ficará sempre direcionado para análise na Junta Comercial da sede da empresa.

2º – Na hipótese de transferência de sede: será registrada na Junta Comercial da sede da empresa e posteriormente na Junta Comercial de destino.

3º – Quando a sede for num Estado e a filial em outro Estado, já registrada na Junta Comercial de origem e não registrada no Estado da(s) filial(ais): para fazer a inscrição, abrir a reclamação no Protocolo Web, incluindo o novo DBE, e quando se tratar de alteração ou baixa, adotar o mesmo procedimento ou preencher DBE para análise da Receita Federal.

Ocorrendo tal fato após 14.10.2019, caberá à Junta Comercial de origem registrar a filial e comunicar de forma eletrônica através do deferimento dos DBEs incluídos no processo.

4º Quando a sede e a filial forem no mesmo Estado, o processo permanece inalterado, com o registro da matriz e da(s) filial(ais).

A desconsideração da personalidade jurídica

Através da Lei nº 13.874/2019, denominada Lei da Liberdade Econômica, o legislador deu nova redação ao art. 50 do Código Civil, passando a ter o seguinte teor.

> Em caso de abuso da personalidade jurídica, caracterizado pelo desvio de finalidade ou pela confusão patrimonial, pode o juiz, a requerimento da parte ou do Ministério Público, quando lhe couber intervir no processo, desconsiderá-la para que os efeitos de certas e determinadas relações de obrigações sejam estendidos aos bens particulares de administradores ou de sócios da pessoa jurídica beneficiados direta ou indiretamente pelo abuso.

Introduzindo ainda os parágrafos 1º e 2º e seus incisos, disciplinando as figuras do "Desvio de finalidade" e "Confusão patrimonial", assim definidos:

Desvio de finalidade: utilização da pessoa jurídica com o propósito de lesar credores e para a prática de atos ilícitos de qualquer natureza.

Confusão patrimonial: ausência de separação de fato entre os patrimônios, caracterizada por:

I – Cumprimento repetitivo pela sociedade de obrigações do sócio ou do administrador, ou vice-versa.

II – Transferência de ativos ou de passivos sem efetivas contraprestações, exceto os de valor proporcionalmente insignificante.

III – Outros atos de descumprimento da autonomia patrimonial.

Tal dispositivo foi editado em consonância com o novo art. 49-A e seu parágrafo único do Código Civil, que também merecem ser destacados:

Art. 49-A. A pessoa jurídica não se confunde com os seus sócios, associados, instituidores ou administradores.

Parágrafo único. A autonomia patrimonial das pessoas jurídicas é um instrumento lícito de alocação e segregação de riscos, estabelecido pela lei com a finalidade de estimular empreendimentos, para a geração de empregos, tributo, renda e inovação em benefício de todos.

Por ser manifestação nova, após a entrada em vigor da Lei nº 13.874/2019, sobre tema por demais debatido na doutrina e objeto de decisões judiciais diversas, preferimos transcrever opinião do que achamos pertinente em relação ao novo texto legislado.

Assim afirma o professor Pablo Stolze Gagliano, em artigo publicado no *site* JusBrasil, em 24 de setembro de 2019, sobre as novas características e conceito do tema: "Com isso, reafirma uma premissa básica do nosso sistema: a autonomia jurídico-existencial da pessoa jurídica em face das pessoas físicas que a integram".

Prosseguindo o mestre no estudo do art. 49-A, vez que o novo texto legal vai mais além, ao estabelecer em seu parágrafo único o próprio elemento teleológico da autonomia patrimonial, qual seja, o de "estimular empreendimentos para a geração de empregos, tributo, renda e inovação em benefício de todos", dialogando, inclusive, com o princípio da função social da empresa, por via oblíqua, portanto, realça o caráter *excepcional* da desconsideração da personalidade jurídica.

Pautando na mesma linha da doutrina, o jurista Flávio Tartuce (Manual de Direito Civil, 2017, p. 179) afirma: "A regra é que a responsabilidade dos sócios em relação às dívidas sociais seja sempre subsidiária, ou seja, primeiro exaure-se o patrimônio da pessoa jurídica para depois, e desde que o tipo societário adotado permita, os bens particulares dos sócios ou componentes da pessoa jurídica serem executados".

Sem nos alongarmos sobre o assunto, merecem destaque as regras fixadas para caracterizar os dois conceitos estabelecidos como paradigmas para justificar o abuso da personalidade jurídica: o desvio de finalidade ou a confusão patrimonial, definidos nos parágrafos 1º e 2º do novo art. 50 do Código Civil, a nosso ver dificultando a caraterização dos atos que justificariam a descaracterização da personalidade jurídica, que na regra revogada não tinha as especificidades ora previstas no novo texto legal, em particular, para as duas figuras acima destacadas, além de introduzir três novos parágrafos que passamos a destacar:

> § 3º O disposto no caput e nos §§ 1º e 2º deste artigo também se aplica à extensão das obrigações de sócios ou de administradores à pessoa jurídica.
>
> § 4º A mera existência de grupo econômico sem a presença dos requisitos de que trata o caput deste artigo não autoriza a desconsideração da personalidade da pessoa jurídica.
>
> § 5º Não constitui desvio de finalidade a mera expansão ou a alteração da finalidade original da atividade econômica específica da pessoa jurídica.

A nova norma legislada veio disciplinar as causas objetivas que passaram a justificar a desconsideração da personalidade da pessoa jurídica, de forma casuística, excluindo as interpretações até então aplicadas no exame da matéria, na esfera do Poder Judiciário.

Finalmente, destaque-se que nos casos em que seja de difícil comprovação dos pressupostos da desconsideração da personalidade jurídica, o juiz pode distribuir de forma diversa o ônus da prova para determinar que os sócios e os administradores demonstrem que não praticaram atos lesivos ao patrimônio da sociedade (§ 1º do art. 373 da Lei nº 13.105/2015 – Código de Processo Civil).

O incidente de desconsideração é cabível em todas as fases do processo de conhecimento, no cumprimento de sentença e no processo de execução, podendo ser requerida na petição inicial, hipótese em que se dispensa a instauração do incidente (art. 134 da Lei nº 13.105/2015 – Código de Processo Civil).

Tal procedimento é cabível na ação de execução fiscal por força do disposto no art. 1º da Lei nº 6.830/80 (Lei de Execução Fiscal), que determina a aplicação subsidiária do Código de Processo Civil. Do mesmo modo, é cabível no processo do trabalho por decorrência expressa do art. 769 da Consolidação das Leis do Trabalho, Decreto-Lei nº 5.452/43, que prevê a aplicação subsidiária do Código de Processo Civil nos casos omissos, ressaltando-se que agora os procedimentos judiciais, especialmente na área do Direito do Trabalho, apresentar-se-ão com mais dificuldade para aplicação de tal procedimento.

A Rede Nacional para a Simplificação do Registro e da Legalização de Empresas e Negócios (REDESIM)

A Rede Nacional para a Simplificação do Registro e da Legalização de Empresas e Negócios (REDESIM), segundo definição quando de sua instituição, é um sistema integrado que permite a abertura, fechamento, alteração e legalização de empresas em todas as Juntas Comerciais do Brasil, simplificando procedimentos e reduzindo a burocracia ao mínimo necessário.

Hoje é um procedimento utilizado na desburocratização das normas do registro das empresas, e que, segundo seu Comitê Gestor, tem por objetivo: a) a integração do processo de registro e de legislação de empresários e de pessoas jurídicas; e b) compatibilizar procedimentos de modo a evitar a duplicidade de exigências e garantir a linearidade do processo.

A REDESIM foi instituída pela Lei nº 11.598, de 3 de dezembro de 2007, e define normas de integração e facilitação do processo de registro e legalização de pessoas jurídicas (PJs) e empresários no âmbito: dos Municípios, dos Estados, da União e do Distrito Federal.

De modo geral, podemos dizer que a lei busca facilitar a abertura e o registro da empresa, reduzindo a burocracia em várias esferas, além de contribuir para otimizar outros procedimentos, como alterações e extinções (baixas).

A REDESIM também pretende evitar a ocorrência de duplicidades nos processos, uma vez que a intenção é integrá-los. Portanto, além de dar mais rapidez, é possível reduzir retrabalho na hora de abrir um negócio, procurando unir, em uma espécie de rede interconectada, todas as etapas e os órgãos necessários para abertura de uma empresa, bem como seu registro, eventuais alterações e ainda para sua baixa.

Contudo, vale destacar que a participação na REDESIM não é obrigatória a todas as instituições governamentais envolvidas nesses processos, à exceção dos órgãos federais, conforme aponta o art. 2º da lei mencionada:

> Art. 2º– Fica criada a Rede Nacional para a Simplificação do Registro e da Legalização de Empresas e Negócios– REDESIM, com a finalidade de propor ações e normas aos seus integrantes, cuja participação na sua composição será obrigatória para os órgãos federais e voluntária, por adesão mediante consórcio, para os órgãos, autoridades e entidades não federais com competências e atribuições vinculadas aos assuntos de interesse da REDESIM.

A REDESIM atua em <u>serviços importantes para a abertura de empresas</u>, tais como:

a) Realização de consulta prévia a fim de verificar a possibilidade de a empresa poder exercer atividade econômica em um endereço desejado. Essa busca é efetuada em um banco de dados da prefeitura do município em que a pessoa jurídica será instalada.

b) Para descobrir se há empresas com nomes iguais ou parecidos com o desejado. Essa pesquisa é realizada em bancos de dados de órgãos de registro, por exemplo, Cartórios de Registro Civil de Pessoas Jurídicas, Juntas Comerciais ou Ordem dos Advogados do Brasil (OAB).

c) Efetuar coleta de dados, registro e inscrições. Essa fase é para quem decidiu abrir a sua pessoa jurídica e já conta com a consulta prévia de localização e de nome aprovada ou, ainda, não necessita efetuá-la. Nessa etapa, a empresa será constituída pelo registro no órgão competente e obterá a sua inscrição no Cadastro Nacional de Pessoas Jurídicas (CNPJ).

d) Também poderá obter outros serviços, como a empresa licenciar as suas operações, etapa fundamental para legalização do processo de abertura. Elas correspondem aos números de identificação das pessoas jurídicas em cadastros de diferentes administrações tributárias, como: CNPJ (federal), Inscrição Estadual/Distrito Federal (estados) e Inscrição Municipal (municípios).

No licenciamento, há entidades que avaliam o preenchimento de requisitos (que autorizam o funcionamento da empresa), em diferentes áreas, como:

- segurança sanitária;
- prevenção contra incêndios e pânico;
- controle ambiental;
- demais campos constantes na legislação.

O portal da REDESIM integra todos os processos de entidades/ órgãos responsáveis pelos licenciamentos, por intermédio de entrada única de documentos e de dados em seu sistema, englobando municípios e órgãos estaduais encarregados pelo licenciamento, em conformidade com as atividades econômicas que serão exercidas. Vale destacar que órgãos como o Corpo de Bombeiros, a Vigilância Sanitária e a entidade estatal responsável por fiscalizar questões de meio ambiente (e liberar licença ambiental) estão envolvidos nesse processo.

Como consequência dessa sincronização de ações, a REDESIM apresenta um benefício que é a integração de sistemas de distintos órgãos governamentais, em diferentes esferas (municipal, estadual e federal), permitindo um processo simplificado e sem duplicidades, assegurando mais celeridade ao processo de abertura de uma empresa.

Reduz-se assim a necessidade de o empreendedor ter que se deslocar a diferentes órgãos, de modo a poupar tempo e, até mesmo, economizar recursos que seriam gastos com transporte e outros procedimentos físicos. Afinal, boa parte deles é feita de forma digitalizada. O acompanhamento do *status* dos serviços também pode ser visto no próprio *site*, gerando mais comodidade.

Destaque-se, por fim, que o art. 9º da Lei nº 13.874/19 alterou o art. 4º da Lei nº 11.598, de 3 de dezembro de 2007, que passou a vigorar acrescido do seguinte parágrafo 5º:

> Art. 4º ....
> § 5º Ato do Poder Executivo federal disporá sobre a classificação mínima de atividades de baixo risco, válida para todos os integrantes da REDESIM, observada a Classificação Nacional de Atividades Econômicas, hipótese em que a autodeclaração de enquadramento será requerimento suficiente, até que seja apre- sentada prova em contrário.

O Sistema de Registro Integrado (REGIN)

No Estado do Rio de Janeiro, foi criado pela Lei Estadual nº 6.426, de 5 de abril de 2013, O REGIN fixando diretrizes e procedimentos para simplificação e integração do processo de Registro e Legalização de empresários e pessoas jurídicas, sendo aplicável na formalização de empresários e pessoas jurídicas nos processos de seu interesse perante a Junta Comercial do Estado do Rio de Janeiro. Por sua vez, a Junta Comercial de Santa Catarina adotou o procedimento "Passo a Passo" para utilização do Sistema de Registro Integrado (REGIN) e que, em face da importância do assunto, ainda que através de rápida informação, pareceu-nos adequada a sua inclusão neste livro.

Pelo exame das regras, em ambos os órgãos citados, existem procedimentos a serem observados na sua execução, destacando-se o pedido de Viabilidade, ou Consulta Prévia, que é um conjunto de procedimentos disponibilizados pelas instituições participantes do Convênio, que proporciona ao empresário uma consulta antecipada a essas instituições para verificar a viabilidade da implantação da sua empresa. Ele é preenchido na página da Junta Comercial ou da prefeitura e encaminhado à Junta Comercial e às entidades participantes (prefeitura do município e outras entidades envolvidas no processo de registro de empresa) para análise e determinação das pendências e instruções às que o empresário deve atender para implantação do seu negócio.

Como próximo passo, deve entrar na página da Receita Federal e pedir o Cadastro de Pessoa Jurídica e, de posse do DBE, do contrato social e do Protocolo de Viabilidade impresso, deve dirigir-se ao registro na Junta Comercial e uma vez concluído o processo, o interessado recebe seu número do CNPJ, Inscrição Estadual (se for necessário), sendo que as informações são enviadas automaticamente para a prefeitura do município, que fará as vistorias (se for o caso) e liberará o alvará.

Operações societárias

Transformação, incorporação, fusão, cisão e Conversão de sociedade simples em sociedade empresária e vice-versa

Ainda nos ASSUNTOS RELEVANTES deste livro, é oportuna a inclusão deste tópico, através do qual, de forma direta e resumida, destacamos diversas operações reguladas no Código Civil e disciplinadas pela Instrução Normativa DREI nº 35, de 3 de março de 2017, alterada pela Instrução Normativa DREI nº 69, de 18 de novembro de 2019, de que podem se utilizar as sociedades empresariais no seu desenvolvimento e para a consecução dos seus objetivos.

Tais operações societárias, se acham reguladas pelo Código Civil, em seus artigos 1.113 a 1.122.

Transformação

É a operação pela qual a sociedade passa, independentemente de dissolução e liquidação de um tipo para o outro, obedecendo aos preceitos reguladores da constituição e registro do tipo em que vai se converter, regulada pelos arts. 1.113 e seguintes do Código Civil.

A transformação da sociedade de uma espécie em outra, geralmente, dá lugar a significativas alterações na estrutura jurídica da sociedade, incidindo mais diretamente no âmbito da responsabilidade dos seus respectivos sócios.

A transformação pode ser:

a) societária, nos termos dos arts. 1.113 do Código Civil e 220 da Lei das S.A. (n.º 6.404/1976), quando ocorrer entre sociedades empresariais;

b) de registro, que pode ser:

1. De sociedade empresária para empresário individual e vice-versa.

2. De sociedade empresária para EIRELI e vice-versa.

3. De empresário individual para EIRELI e vice-versa.

A transformação depende do consenso de todos os sócios ou decisão colegiada, salvo se prevista no ato constitutivo, caso em que, na hipótese de sociedade limitada, o dissidente poderá retirar-se da sociedade, aplicando-se, no silêncio do estatuto ou do contrato social, o que dispõe o art. 1.031 do mesmo texto legal.

A transformação não modificará nem prejudicará, em qualquer caso, os direitos dos credores.

Segundo José Edwaldo Tavares Borba (Direito Societário, 2003, p. 479): "(...) procedimento, quando uma sociedade passa de uma espécie

Capítulo II – Assuntos Relevantes

a outra, opera-se uma "metamorfose", ou seja, uma transformação societária".

Desde logo, vale frisar que a transformação muda as características da sociedade empresária, mas não a sua individualidade, que permanece a mesma, mantendo-se íntegros, portanto, a pessoa jurídica, o quadro de sócios, o patrimônio, os créditos e os débitos.

Como observa Amador Paes de Almeida (2004, p. 200): "Na transformação, a personalidade jurídica da sociedade subsiste, muito embora sob nova espécie societária, com a consequente alteração de toda a sua estrutura, com sensíveis reflexos na responsabilidade dos respectivos sócios".

No mesmo sentido, esclarece Oscar B. Corrêa Lima (2003, p. 431-432):

> "O corpo e o espírito da sociedade empresarial continuam os mesmos, quer a chamemos de companhia, de sociedade em comandita simples ou seja *lá o que for*. *Por detrás do rótulo e atrás da firma ou denominação vamos encontrar, pulsando, a empresa, entidade econômica de capital e trabalho, organizada para a produção e circulação de bens e serviços*."

O ato de transformação obedecerá sempre às formalidades legais relativas à constituição e registro do novo tipo a ser adotado pela sociedade (Lei das S.A.– Lei nº 6.404, de 1976, art. 220, parágrafo único; e Código Civil – Lei nº 10.406, de 2002, art. 1113).

Ressalte-se que o art. 1.031 do Código Civil estabelece que, nos casos em que a sociedade se resolver em relação a um sócio, o valor da sua quota, considerada pelo montante efetivamente realizado, liquidar-se-á, salvo disposição contratual em contrário, com base na situação patrimonial da sociedade, à data da resolução, verificada em balanço especialmente levantado.

Dois são os tipos de transformação:

– Transformação pura ou simples, quando autorizada pelo contrato social e estatuto, conservando os mesmos elementos, objeto, capital e sócios.

– Transformação constitutiva: quando não prevista no contrato social ou estatuto social, ou quando prevista, adicionam-se elementos novos. A doutrina atual orienta no sentido de que não passa de uma alteração contratual, com a manutenção da personalidade jurídica, não criando outra nova.

Em seu aspecto prático, para efeito de arquivamento perante a Junta Comercial, a transformação poderá ser formalizada em instrumento único ou em separado.

Em resumo, na transformação, permanece a mesma pessoa jurídica, submetida, porém, ao regime do novo tipo adotado. Pode-se citar, como exemplo, quando uma sociedade empresária (LTDA.) transforma-se em sociedade anônima, os bens serão absorvidos pela nova sociedade, que assumirá também os direitos e as obrigações da extinta.

O ato de transformação obedecerá sempre às formalidades legais à constituição e ao registro do novo tipo a ser adotado pela nova sociedade, sendo que a sociedade transformada obedecerá a preceitos quanto à nova constituição, exigindo o consentimento unânime dos sócios ou acionistas, não podendo prejudicar de forma alguma os direitos de seus credores.

Incorporação

A incorporação é a operação pela qual uma ou mais sociedades, de tipos iguais ou diferentes, são absorvidas por outra que lhes sucede em todos os direitos e obrigações (art. 227 da Lei nº 6.404/1976 e art. 1.116 do Código Civil).

Tal operação deve ser deliberada na forma prevista para os respectivos tipos, deixando a sociedade incorporada de existir, mas a sociedade incorporadora continuará com a sua personalidade jurídica, sendo fixadas as regras de tal procedimento nos arts. 1.117 e 1.118 do Código Civil.

Através de tais dispositivos, ela pode ser operada entre sociedades de tipos iguais ou diferentes, sendo a incorporada absorvida por outra (a incorporadora), que lhes sucede em todos os direitos e obrigações, devendo ambas aprovar a incorporação na forma estabelecida para os respectivos tipos.

A incorporação de sociedades é realizada quando determinada instituição adquire, de uma só vez, os bens, ativos, tecnologias e profissionais especializados de outra sociedade ou organização. Trata-se de uma ação muito comum e acontece, normalmente, para ampliar o patrimônio de uma sociedade ou grupo, sendo que, além dos bens, a sociedade que incorpora a outra também herda uma série de obrigações de responsabilidade da outra.

As operações da incorporação serão submetidas às sociedades interessadas mediante justificação, em que serão expostos os motivos ou fins da operação e o interesse na sua realização.

As condições da incorporação constarão de protocolo firmado pelos órgãos de administração ou sócios das sociedades interessadas, em que se deve incluir o critério de avaliação do patrimônio líquido da incorporada, a data a que será referida a avaliação e o tratamento das variações patrimoniais posteriores, bem como a nomeação de peritos.

Para que ocorra o processo de incorporação de sociedades empresárias, é necessária uma deliberação dos sócios de ambas as sociedades, ou seja, a aprovação da operação pela incorporada e pela incorporadora.

Como justificativa da prática de tal operação societária, Modesto Carvalhosa (2003, p. 513) destaca que o ato de incorporação pode ainda ser subdividido em dois atos, o constitutivo e o desconstitutivo, assim se manifestando:

> O negócio da incorporação de sociedade consubstancia ato constitutivo e ao mesmo tempo desconstitutivo. Será constitutivo pela agregação de patrimônios de duas sociedades em uma só. Será desconstituído pelo desaparecimento da pessoa jurídica da incorporada, tendo como efeito a absorção universal de seu patrimônio pela outra.

Trajano Miranda Valverde, comentando o Decreto-Lei nº 2627/1949 (1953, p. 791), por sua vez destaca que a operação de incorporação de empresas pode ser resumida como o ato pelo qual uma empresa já existente absorve outra, visando ao aumento de seu patrimônio, à tecnologia, ao pessoal especializado, entre outras muitas razões, como já observava ao afirmar:

(...) a concorrência entre empresas ou companhias, que exploram o mesmo ramo de indústria ou de comércio; o objetivo de possibilitar um monopólio de fato na distribuição ou colocação de certos produtos; a necessidade de absorver as empresas ou companhias que exploram indústrias primárias ou complementares, tais são, entre muitas outras, as causas principais da incorporação (...).

Em relação às ações ou quotas do capital da sociedade a ser incorporada que forem de propriedade da incorporadora poderão, conforme dispuser o protocolo de incorporação, ser extintas ou substituídas por ações ou quotas em tesouraria da incorporadora, até o limite dos lucros acumulados e de reservas, exceto legal.

Destaque-se que esta norma também se aplica aos casos de fusão, quando uma das sociedades fundidas for proprietária de ações ou quotas de outra, e de cisão com incorporação, quando a sociedade que incorporar parcela do patrimônio da cindida for proprietária das ações ou quotas do capital desta.

Depois de aprovada a incorporação, a empresa que foi adquirida deve ser extinta, isso é, a incorporadora absorve todos os patrimônios e funcionários da outra sociedade. Além disso, os administradores da incorporadora deverão promover o arquivamento e publicação dos atos de incorporação e declararem extinta a pessoa jurídica incorporada, tornando público o ato de incorporação através da formalização junto aos órgãos próprios.

Fusão

A fusão é a operação pela qual se unem duas ou mais sociedades, de tipos jurídicos iguais ou diferentes, para formar uma sociedade nova, com a extinção das originárias, e que lhes sucederá em todos os direitos e obrigações, deliberada na forma prevista para a alteração dos respectivos estatutos ou contratos sociais, sendo que a constituição e registro da nova sociedade deverá obedecer às normas reguladoras aplicáveis ao tipo jurídico adotado.

Como deixa claro o art. 228 da Lei das Sociedades Anônimas (Lei nº 6.404/76), a fusão "é a operação pela qual se unem duas ou mais sociedades para formar sociedade nova, que lhes sucederá em todos os direitos e obrigações", tendo o Código Civil conceituado essa figura através do art. 1.119, com a seguinte definição: "A fusão determina a extinção das sociedades que se unem para formar sociedade nova, que a elas sucederá nos direitos e obrigações", prevendo a sua operacionalização com respaldo no art. 1.120 e seguintes do referido Código.

Com a operação de fusão ocorre o desaparecimento das sociedades anteriores, dando lugar a uma nova, na qual todas elas se fundem, extinguindo-se todas as pessoas jurídicas existentes e, em seu lugar, surgindo outra sociedade. Essa nova sociedade que surge assumirá todas as obrigações ativas e passivas das sociedades fusionadas.

Nessa modalidade, ocorre a transmissão integral do patrimônio da sociedade, bem como a extinção da empresa fusionada e, especialmente, o ingresso dos sócios das sociedades extintas na nova sociedade criada na operação. A nova sociedade será composta pela soma dos patrimônios das sociedades fusionadas, sendo seu capital social integralizado com bens, direitos e obrigações advindos dessas sociedades.

Também deverão ser nomeados peritos para a avaliação do patrimônio líquido das sociedades envolvidas e eleitos os seus primeiros administradores, estes devem promover o arquivamento e a publicação de todos os atos relativos à fusão, inclusive a relação com a identificação da totalidade dos sócios ou acionistas.

Sobre a operação de fusão, Fábio Ulhôa Coelho (2004, p. 482) destaca que essas operações se realizam, normalmente, com o objetivo de alcançar a economia em escala.

Através do previsto no § 1º do art. 1.120 do Código Civil, são praticados os atos preliminares à fusão, e apresentados os laudos, na forma do § 2º do mesmo artigo, os administradores convocarão os sócios ou acionistas das sociedades parte do processo, para que em assembleia geral, tomem conhecimento do laudo e resolvam sobre a constituição definitiva da nova sociedade, vedado aos sócios ou acionistas votar o laudo de avaliação do patrimônio da sociedade de que fazem parte.

Constituída a nova companhia, incumbirá aos primeiros administradores promover o arquivamento e a publicação dos atos da fusão, com o início das atividades econômicas da nova instituição, que ocorre na mesma data da conclusão do movimento societário, extinguindo-se as sociedades originárias a partir da transferência integral do patrimônio.

Cisão

A cisão de uma sociedade é a operação pela qual a sociedade transfere todo o seu patrimônio ou somente uma parcela dele para uma ou mais sociedades constituídas para esse fim ou já existentes, extinguindo-se a sociedade cindida, se houver versão de todo o seu patrimônio ou redução do seu capital, se parcial. Quando, em decorrência da cisão, houver constituição e registro de nova sociedade, deverão ser observadas as normas reguladoras aplicáveis ao tipo jurídico adotado.

Segundo Gladston Mamede (2004, p. 226):

> A definição legal é muito ampla e, destarte, compreende diversas hipóteses de cisão: (1) divisão da sociedade em duas ou mais sociedades, fruto da cisão e, assim, criadas a partir da mesma, extinguindo-se a sociedade cindida; (2) cisão parcial da sociedade, que se mantém– que não se extingue, apenas tem seu corpo social reduzido, sendo criada uma ou mais novas sociedades; (3) cisão parcial da sociedade, que se mantém, sendo transferido parte de seu corpo social para outra ou outras sociedades preexistentes que, destarte, incorporam essa parte do patrimônio cindido; (4) cisão total da sociedade, que se extingue, sendo transferido seu corpo social, em partes, para outras sociedades preexistentes que incorporam tais partes do patrimônio cindido.

Adentrando o estudo desta operação societária, vale ressaltar a definição que lhe dá o art. 229 da Lei nº 6.404/1976, assim estabelecendo:

> *A cisão é a operação pela qual a companhia transfere parcelas do seu patrimônio para uma ou mais sociedades, constituídas para esse fim ou já existentes, extinguindo-se a companhia cindida, se houver versão de todo o seu patrimônio, ou dividindo-se o seu capital, se parcial a versão.*

Em resumo, como já mencionado, a cisão pode assumir as seguintes formas:

Na primeira hipótese, a cisão parcial: quando parte do patrimônio é cindido para uma ou mais sociedades, que podem ser novas ou não, prevendo o parágrafo único do art. 233 (Lei das S.A.):

> *O ato de cisão parcial poderá estipular que as sociedades que absorverem parcelas do patrimônio da companhia cindida serão responsáveis apenas pelas obrigações que lhes forem transferidas, sem solidariedade entre si ou com a companhia cindida, mas, nesse caso, qualquer credor anterior poderá se opor à estipulação em relação ao seu crédito, desde que notifique a sociedade no prazo de 90 (noventa) dias a contar da data da publicação dos atos da cisão.*

Na segunda hipótese, da cisão total: quando o patrimônio de uma sociedade é cindido em sua totalidade à outra(s) e, ao final, ela é extinta, prevendo o art. 233 em estudo, os direitos dos credores após a cisão com extinção da sociedade cindida, definindo que: "[...] as sociedades que absorverem parcelas do seu patrimônio responderão solidariamente pelas obrigações da companhia extinta".

Ainda de acordo com o mesmo artigo: *"A companhia cindida que subsistir e as que absorverem parcelas do seu patrimônio responderão solidariamente pelas obrigações da primeira anteriores à cisão".*

Destaque-se que, neste tipo de operação societária – cisão, devem ser reunidos alguns documentos, definidos nos arts. 224 e 225 da Lei nº 6.404/1976, em particular o protocolo e a justificativa, que irão comprovar o valor do capital das sociedades, patrimônio líquido delas, dentre outros itens.

Em síntese, a sociedade que absorver parcela do patrimônio da sociedade cindida sucede a esta nos direitos e obrigações relacionados no ato da cisão e no caso de cisão com extinção, as sociedades que absorverem parcelas do patrimônio da sociedade cindida sucederão a esta na proporção dos patrimônios líquidos transferidos, bem como nos direitos e obrigações.

Como já destacamos ao tratar da incorporação, quando se tratar de cisão com versão de parcela de patrimônio em sociedade já existente essa operação obedecerá às disposições sobre incorporação.

Ressalte-se ainda que as operações de incorporação, fusão e cisão somente poderão ser efetivadas nas condições aprovadas, se os peritos nomeados determinarem que o valor do patrimônio ou patrimônio líquido a ser vertido para a formação de capital social é, ao menos, igual ao montante do capital a realizar.

O assunto foi disciplinado, no âmbito do Registro Público de Empresas Mercantil, pelo DREI, através da Instrução Normativa DREI nº 35, de 3 de março de 2017, que aprovou os Manuais de Registro de Empresário Individual, Sociedade Limitada, Empresa Individual de Responsabilidade Limitada (EIRELI), Cooperativas e Sociedades Anônimas, alterada pela Instrução Normativa DREI 69/019.

Conversão de sociedade simples em sociedade empresária e vice-versa

Ao analisarmos a diferenciação imposta pelo art. 982 do Código Civil, temos que a antiga sociedade comercial passou a ser denominada empresária, enquanto a sociedade civil recebeu a nomenclatura de sociedade simples.

Antes de tratarmos especificamente da matéria em foco, merece destaque o que venha a ser a conversão em seu sentido maior. Em sentido geral a conversão, como explica José Edwaldo Tavares Borba (2003, p. 479), ocorre quando uma sociedade passa de uma espécie para outra, operando-se uma "metamorfose", ou seja, uma transformação societária.

Desde logo, vale frisar que essa transformação muda as características da sociedade empresária, mas não a sua individualidade, que permanece a mesma, mantendo-se íntegros, portanto, a pessoa jurídica, o quadro de sócios, o patrimônio, os créditos e os débitos.

Para Osmar Brina Corrêa-Lima (p. 431-432):

> O corpo e o espírito da sociedade empresarial continuam os mesmos, quer a chamemos de companhia,

de sociedade em comandita simples ou seja *lá o que for. Por detrás do rótulo e atrás da firma ou denominação vamos encontrar, pulsando, a empresa, entidade econômica de capital e trabalho, organizada para a produção e circulação de bens e serviços.*

Feitas essas breves considerações, releva destacar que a sociedade empresária é aquela que tem por finalidade o exercício de atividade comercial voltada para a produção e circulação de bens e serviços, ao passo que a sociedade simples, por sua vez, tem por objeto o exercício de atividades relacionadas à profissão intelectual, de natureza científica, literária ou artística, desde que o exercício dessa atividade não constitua elemento de empresa.

Como regra, o art. 1.114 do Código Civil determina que a transformação depende do consentimento de todos os sócios, salvo se prevista no ato constitutivo, caso em que o dissidente poderá retirar-se da sociedade, aplicando-se, no silêncio do estatuto ou do contrato social, o disposto no art. 1.031 do referido diploma.

Dessa forma, o contrato social poderá prever quórum específico para a transformação, garantindo, porém ao sócio que não concordar com a operação societária o direito de retirar-se da sociedade, sendo ainda assegurado ao dissidente o valor da sua quota, considerada pelo montante efetivamente realizado, que se liquidará, salvo disposição contratual em contrário, com base na situação patrimonial da sociedade, à data da resolução, verificada em balanço especialmente levantado.

Na hipótese específica, na operação em que a sociedade simples se converte em sociedade empresária, o ato respectivo tem de ser averbado no Registro Civil e depois o instrumento de conversão é levado para arquivamento na Junta Comercial da sede da empresa convertida, juntamente com a consolidação do ato constitutivo do respectivo tipo societário, relacionadas as filiais, se houver.

Destaque-se que também poderá ocorrer a conversão de sociedade empresária em sociedade simples, hipótese em que o procedimento se iniciará na Junta Comercial da sede da sociedade e, depois de formalizado, deverá ser levado ao Registro Civil competente.

Registro automático de atos societários

Outro aspecto a merecer destaque, em face das alterações ditadas pela Lei nº 13.874/2019, refere-se ao registro automático dos atos societários com o exame posterior das suas formalidades legais, regulamentado pela Instrução Normativa IN-DREI nº 62, de 10 de maio 2019, quando da edição de Medida Provisória nº 876/19, que antecedeu a lei em referência, o que nada mais é do que a implantação do registro automático dos atos societários, uma inovação tecnológica para acelerar a abertura e encerramento de empresas de forma automática.

A Lei nº 13.874, de 20 de setembro de 2019, estabeleceu esse tipo de registro de empresas, visando agilizar o processo de sua formalização, obedecidos a certos requisitos, e que certamente irá melhorar o ambiente de negócios no Brasil, pois com a aprovação e registro imediato, mais rapidamente estarão no mercado os agentes propulsores do desenvolvimento, pois com esse registro se garante a publicidade, autenticidade, segurança e eficácia dos atos empresariais, com a posterior verificação quanto ao cumprimento das normas pertinentes ao ato praticado.

O novo sistema determina que o empresário individual, empresa individual de responsabilidade limitada (EIRELI) e sociedade limitada (LTDA.) sejam registrados automaticamente após a etapa inicial quanto à viabilidade de nome e de localização. Com isso, além de acelerar a formalização do ato, o empresário já sairá da Junta Comercial não só com o ato registrado, mas também com o número do seu CNPJ, ficando a análise formal do ato constitutivo para exame posterior, dinamizando a economia brasileira.

Se for constatada alguma inconsistência insanável, durante o exame posterior, obrigando a sua anulação, após a adoção pela Junta Comercial dos atos que lhe cabem, esta comunicará aos demais órgãos públicos envolvidos no processo de abertura de empresas para que tomem as devidas providências (cancelamento do CNPJ e da Inscrição Estadual, por exemplo).

Na área legislativa, foi o art. 14 da Lei nº 13.874/2019, na parte em que alterou a redação do art. 42 da Lei nº 8.934/1994, com a inclusão dos §§ 2º ao 6º, que ensejou a que o Departamento Nacional de Registro Empresarial e Integração (DREI), através da Instrução Normativa IN--DREI nº 62, de 10 de maio de 2019, regulasse tal procedimento.

Capítulo II – Assuntos Relevantes

Destacam-se como regras indispensáveis à prática de tal tipo de registro:

1 – Que o empresário/sócio deve utilizar o documento-padrão (requerimento do empresário, contrato-padrão de 16 cláusulas ou ato constitutivo) gerado pelo módulo integrador;

2 – Não incluir cláusulas adicionais nos documentos gerados pelo módulo.

3 – O próprio empresário ou sócios devem assinar o documento com certificado digital (não pode haver procuração).

4 – Não anexar documentos no pedido de registro.

Por derradeiro, sobre o tema, e de forma mais detalhada, destacamos:

– As atividades vedadas para o registro automático:

5111100 – transporte aéreo de passageiros regular

6421200 – bancos comerciais

6423900 – caixas econômicas

6424702 – cooperativas centrais de crédito

6432800 – bancos de investimento

6433600 – bancos de desenvolvimento

6434400 – agências de fomento

6435201 – sociedades de crédito imobiliário

6435202 – associações de poupança e empréstimo

6435203 – companhias hipotecárias

6436100 – sociedades de crédito, financiamento e investimento – financeiras

6438701 – bancos de câmbio

6440900 – arrendamento mercantil

– As atividades vedadas para o distrato:

6422100 – bancos múltiplos, com carteira comercial

6431000 – bancos múltiplos, sem carteira comercial

6530800 – resseguros

8012900 – atividades de transporte de valores

Ainda se destaca que não é permitido no registro automático:

1 – Para qualquer natureza jurídica (empresário, sociedade LTDA. ou EIRELI):

a) ato de transformação;

b) participação de menor;

c) participação de estrangeiro;

d) praticar ato por procuração;

e) CPF que esteja bloqueado;

f) atividade que bloqueie o registro automático.

2 – Para EIRELI e LTDA.:

a) se existir sócio pessoa jurídica;

b) se existir administrador não sócio;

c) se adicionar cláusula no contrato de 16 cláusulas;

d) qualquer forma de integralização do capital social que não seja em espécie e no ato;

e) se for Sociedade de Propósito Específico.

Destaques do Superior Tribunal de Justiça

Nesta parte do livro trataremos, dentro do mesmo sentido que norteia sua sistemática de apresentação, alguns pronunciamentos do Superior Tribunal de Justiça, emoldurados em suas súmulas, e a posição legislativa e doutrinária sobre alguns aspectos do direito societário a elas inerentes.

Responsabilidade do sócio-gerente – SÚMULA 430

> O inadimplemento da obrigação tributária pela sociedade não gera, por si só, a responsabilidade solidária do sócio-gerente.

Num aspecto global, destacamos a posição do sócio-gerente, pessoa de maior relevância à frente de sociedades limitadas, e que por definição é o seu administrador, sócio ou não, nessa hipótese, na forma estabelecida pelo art. 1.061 e seguintes do Código Civil.

Sobre o tema, destaque-se que, em 30 de dezembro de 2010, foi publicada a Lei nº 12.375, que alterou o art. 1.061 do Código Civil, possibilitando a designação de administradores não sócios na administração da sociedade limitada, sem que haja a obrigatoriedade de o contrato social prever em seu ato de constituição essa nomeação.

Para explicar melhor a designação desse tipo de administrador, a nova regra mostra como ele poderá ingressar na administração da sociedade, seus deveres e direitos, e quais as principais implicações na sociedade limitada com a alteração do artigo em questão. Observa-se que a alteração do art. 1.061 do Código Civil foi importante, uma vez que possibilita grande abertura da administração da sociedade limitada.

A mudança proporcionada retirou um entrave para a participação de administradores não sócios altamente preparados na administração das sociedades limitadas, visando aumentar o desempenho dos negócios destas sociedades, definindo ainda que ele pode ser designado a qualquer momento, bastando a vontade do(s) sócio(s).

A alteração efetivada pela Lei nº 12.375 afetou o cotidiano das empresas de responsabilidade limitada. Antes dessa lei, somente as sociedades por ações poderiam designar administradores não sócios, sem que essa possibilidade estivesse prevista no contrato social. Para os doutrinadores, representou a alteração do art. 1.061 do Código Civil de 2002 ampliar a designação dos administradores não sócios na administração das sociedades limitadas, eliminando a necessidade de que esta designação constasse previamente no contrato social da sociedade.

Quanto a sua responsabilidade, em princípio, nas sociedades limitada– LTDA., os sócios não respondem pelas dívidas da pessoa jurídica pois, como o próprio nome diz, a responsabilidade está limitada ao capital da pessoa jurídica, não podendo alcançar o patrimônio dos sócios, todavia, surge a posição do sócio-gerente, destacando-se desde logo os limites da exclusão da sua responsabilidade "quando não demonstrada a prática de atos com excesso de poder, infração de lei ou do contrato social, no exercício da gerência" (REsp 109.639-RS, Rel. Min. Ari Pargendler, Segunda Turma, julgado em 10/12/1998).

Porém, ainda que de forma breve no exame do tema, necessário adentrarmos campo específico, na hipótese, o tributário. Como sabido, a pessoa jurídica que adota a forma limitada possui personalidade jurídica distinta dos seus sócios e administradores pois, em regra, possuem patrimônio inconfundível e incomunicável. Ocorre que o Código Tributário Nacional elenca algumas possibilidades em que poderá ser responsável pela obrigação tributária uma terceira pessoa, que não o contribuinte, mas que esteja diretamente vinculada ao fato gerador ou possua vínculo com a obrigação por expressa disposição legal.

Para o Código Tributário Nacional, são três as espécies de responsabilidade tributária, quais sejam: responsabilidade por sucessão, responsabilidade de terceiros e responsabilidade por infrações.

Trataremos do alcance da responsabilização tributária de terceiros, especificamente dos administradores, observando-se casos em que os sócios e/ou administradores podem ou não ser responsabilizados pela dívida tributária da empresa.

O Código Tributário Nacional dispõe sobre a responsabilidade de terceiros nos seus arts. 134 e 135, com enfoque especial nos arts. 134, III, e 135, III, ao disporem:

> Art. 134. Nos casos de impossibilidade de exigência do cumprimento da obrigação principal pelo contribuinte, respondem solidariamente com este nos atos em que intervierem ou pelas omissões de que forem responsáveis:
>
> III – os administradores de bens de terceiros, pelos tributos devidos por estes;
>
> Art. 135. São pessoalmente responsáveis pelos créditos correspondentes a obrigações tributárias resultantes de atos praticados com excesso de poderes ou infração de lei, contrato social ou estatutos:
>
> III – os diretores, gerentes ou representantes de pessoas jurídicas de direito privado.

Como se vê, a responsabilidade tributária dos sócios e administradores está presente na legislação tributária e decorre de obrigações resultantes de atos praticados com excesso de poderes ou infração de lei, do contrato social ou estatutos.

Nesse sentido, Aliomar Baleeiro (2007) afirma que "o terceiro que age com dolo, contrariando a lei, mandato, contrato social ou estatuto, torna-se, no lugar do contribuinte, o único responsável pelas obrigações decorrentes daquela infração, por ter agido contra os interesses do próprio contribuinte."

Dissolução irregular da Sociedade – SÚMULA 435

> Presume-se dissolvida irregularmente a empresa que deixar de funcionar no seu domicílio fiscal, sem comunicação aos órgãos competentes, legitimando o redirecionamento da execução fiscal para o sócio-gerente.

Inicialmente, destacamos, dentre outras, as seguintes decisões do STJ, que bem dá o devido embasamento ao entendimento sumular.

DIREITO TRIBUTÁRIO E PROCESSUAL CIVIL. REDIRECIONAMENTO DA EXECUÇÃO CONTRA SÓCIO-GERENTE.

É possível redirecionar a execução fiscal contra o sócio-gerente que exercia a gerência por ocasião da dissolução irregular da sociedade contribuinte, independentemente do momento da ocorrência do fato gerador ou da data do vencimento do tributo.

De fato, existem precedentes do STJ no sentido de que, embora seja necessário demonstrar quem ocupava o posto de gerente no momento da dissolução, é preciso, antes, que aquele responsável pela dissolução tenha sido também, simultaneamente, o detentor da gerência na oportunidade do surgimento da obrigação tributária – com a materialização do fato gerador – ou do vencimento do respectivo tributo. Em outras palavras, seria necessário que o sócio-gerente estivesse no comando da sociedade quando da dissolução irregular ou do ato caracterizador de sua presunção e também fizesse parte do quadro societário à época dos fatos geradores ou do vencimento da obrigação tributária.

No entanto, a solução dessa questão jurídica deve partir das premissas também já reconhecidas pelo STJ em diversos precedentes de que:

(i) o mero inadimplemento do débito fiscal não se enquadra na hipótese do art. 135, III, do CTN para fins de redirecionamento da execução ao sócio-gerente;

(ii) a dissolução irregular da sociedade inclui-se no conceito de "infração à lei" previsto no art. 135, *caput*, do CTN; e

(iii) a certificação, no sentido de que a sociedade deixou de funcionar no seu domicílio fiscal, sem comunicação aos órgãos competentes, gera presunção de dissolução irregular apta a atrair a incidência do art. 135, III, do CTN para redirecionar a execução ao sócio-gerente.

Com base nessas premissas, deve-se concluir que o pedido de redirecionamento da execução fiscal, quando fundado na dissolução irregular ou em ato que presuma sua ocorrência – encerramento das atividades empresariais no domicílio fiscal, sem comunicação aos órgãos competentes (Súmula 435/STJ) –, pressupõe a permanência do sócio na administração da sociedade no momento dessa dissolução ou do ato presumidor de sua ocorrência, uma vez que, nos termos do art. 135, *caput*, III, CTN, combinado com a orientação constante da Súmula 435/STJ, o que desencadeia a responsabilidade tributária é a infração de lei evidenciada na existência ou presunção de ocorrência de referido fato.

Por essas razões, é irrelevante para a definição da responsabilidade por dissolução irregular (ou sua presunção) a data da ocorrência do fato gerador da obrigação tributária, bem como o momento em que foi vencido o prazo para pagamento do respectivo débito.

Pondera-se, contudo, que se as instâncias ordinárias, na hipótese acima descrita constatarem, à luz do contexto fático-probatório, que referida alteração ocorreu com o fim específico de lesar a Administração Tributária – o Fisco –, não resta dúvida de que essa conduta corresponderá à infração de lei, já que eivada de vícios por pretender afastar a aplicação da legislação tributária que disciplina a responsabilidade pelo débito nos termos do art. 135 do CTN.

Tal circunstância admitirá, portanto, o redirecionamento da execução fiscal ao sócio-gerente, mesmo que não constante do quadro societário ou da respectiva gerência no momento da dissolução irregular ou da prática de ato apto a presumir a sua ocorrência, nos termos da Súmula 435/STJ. (REsp 1.520.257-SP, Rel. Min. Og Fernandes, Segunda Turma, julgado em 16/6/2015, DJe 23/6/2015).

Sobre o tema, tomamos de empréstimo palavras bem objetivas sobre o assunto do advogado Marcelo Tadeu Cometti em seu artigo intitulado "O problema da dissolução irregular de sociedade no Brasil" (2017), oferecendo uma definição exemplificativa do assunto bem oportuna. Afirma o autor:

> Não é incomum que, no Brasil, as sociedades se dissolvam irregularmente, deixando de se submeter aos trâmites legais ou de buscar procedimentos para a solução da crise da empresa, tais como a recuperação judicial ou mesmo a autofalência. Desse modo, fatores relacionados ao insucesso na exploração da empresa, cuja continuidade muitas vezes acaba mostrando-se inviável, ou mesmo relativos ao próprio desinteresse dos sócios na manutenção da sociedade, podem levar à adoção de um procedimento irregular para sua extinção. A esses fatores devem também ser acrescidos os custos de uma dissolução regular, pois, a despeito dos esforços legislativos, tal como a Lei 11.598/2017, que instituiu a REDESIM – Rede Nacional para a Simplificação do Registro e da Legalização de Empresas e Negócios – o procedimento burocrático ainda é fator que gera custos adicionais à empresa, tanto no momento de sua abertura, quanto no momento de seu encerramento, fatores que, sem dúvida alguma, contribuem para a extinção irregular de muitas sociedades.

E, mais adiante:

> A dissolução irregular pode ser definida como o ilícito praticado em razão do abuso do direito pela descontinuidade da empresa explorada sem a devida liquidação e extinção da sociedade empresária, nos moldes previstos no Código Civil ou na Lei 11.101/05. Tal

fato pode acarretar a responsabilização dos sócios e administradores pelas dívidas da sociedade, inclusive, através da desconsideração da personalidade jurídica.

É importante mencionar que, para ser autorizado esse redirecionamento, não é preciso provar a existência de dolo por parte do sócio.

Assim, a citada Súmula 435 do STJ pode ser aplicada tanto para a execução fiscal de dívida ativa tributária, como também na cobrança de dívida ativa não tributária (REsp 697.108-MG, Primeira Turma, DJe 13/5/2009; e AgRg no AREsp 8.509-SC, Segunda Turma, DJe 4/10/2011. REsp 1.371.128-RS, Rel. Min. Mauro Campbell Marques, julgado em 10/9/2014)."

Consequência da prática de encerramento irregular das atividades da empresa gerou o entendimento jurisprudencial de que a dissolução irregular é causa de responsabilização dos sócios e administradores, tendo a jurisprudência se firmado com a aplicação do inciso III do art. 135 do Código Tributário Nacional, que trata da responsabilidade do sócio nos casos de infração à lei, do contrato social ou estatuto. O entendimento é no sentido de que a não localização da empresa, por estar fechado ou desativado o seu estabelecimento, certificada por oficial de justiça, constitui indício da dissolução irregular, que possibilita o redirecionamento da execução fiscal para incluir no seu polo passivo o sócio.

Pelo precedente AgRg no AI nº 1.247.879/PR da referida súmula, ficou consignado que o sócio-gerente que deixa de manter atualizados os registros empresariais e comerciais, em especial quanto à localização da empresa e à sua dissolução, viola a lei (arts. 1.150 e 1.151, do Código Civil, e arts. 1º, 2º, e 32, da Lei 8.934/1994, entre outros). A não localização da empresa em tais hipóteses gera a legítima presunção *iuris tantum* de dissolução irregular e, portanto, a responsabilidade do sócio, nos termos do art. 135, III, do Código Tributário Nacional, ressalvado o direito de prova em contrário em embargos à execução ou em exceção de pré-executividade.

Ainda ressaltam decisões, dentre as quais destacamos a seguinte, deixando claro na dissolução irregular da sociedade a posição dos sócios sem poderes de gerência, e assim, via indireta, delimitando e definindo na espécie o sujeito passível da obrigação – o sócio-gerente.

"AGRAVO LEGAL – AGRAVO DE INSTRUMENTO – REDIRECIONAMENTO DA EXECUÇÃO– SÓCIO QUE NÃO EXERCIA PODERES DE GERÊNCIA DA SOCEDADE À ÉPOCA DA DISSOLUÇÃO IRREGULAR – IMPOSSIBILIDADE DE INCLUSÃO NO POLO PASSIVO. I – Admite-se o redirecionamento da execução fiscal nos casos em que, comprovada a impossibilidade de garantia da causa pelos meios ordinários, apresentem-se indícios da dissolução irregular da sociedade executada ou das práticas descritas no art. 135, III. II – De acordo com o entendimento firmado no âmbito do Superior Tribunal de Justiça, adotado também por esta E. Terceira Turma, o redirecionamento da execução deve ocorrer contra os sócios que geriam a empresa na época em que houve sua dissolução irregular. III – Cuidando-se de sócio que não exercia poderes de gerência da sociedade à época da dissolução irregular, descabida a sua inclusão no polo passivo da execução. IV – Precedentes. (...) VIII – Agravo legal improvido." (TRF 3ª Região, Terceira Turma, AI 0010900-37.2011.4.03.0000, Rel. Desembargadora Federal Cecilia Marcondes, julgado em 16/01/2014, e-DJF3 Judicial de 24/01/2014)

Dentro do estudo mais amplo do assunto, destaque-se que, apesar da simples constatação do encerramento irregular da sociedade, a princípio, é causa bastante para caracterizar a dissolução irregular, existem alternativas plenamente viáveis para afastar a responsabilidade pessoal dos sócios, corroborando a posição do sócio-gerente, sendo o seguinte arresto bem elucidativo.

"RECURSO ESPECIAL – EXECUÇÃO FISCAL – REDIRECIONAMENTO – DISSOLUÇÃO IRREGULAR DA SOCIEDADE CERTIFICADA POR OFICIAL DE JUSTIÇA – CABIMENTO. 1. A certidão do oficial de justiça que atesta o encerramento das atividades da empresa no endereço fiscal é indício de dissolução irregular apto a ensejar o redirecionamento da execução fiscal. Precedentes. 2. A não localização da empresa no endereço fornecido como domicílio fiscal gera presunção *iuris tantum* de dissolução irregular. Possível, assim, a responsabilização do sócio-gerente, a quem caberá o ônus de provar não ter agido com dolo, culpa, fraude ou excesso de poder. 3. Recurso especial não provido." (REsp 1344414/SC, Rel. Ministra Eliana Calmon, Segunda Turma, julgado em 13/08/2013, DJe 20/08/2013)

Nesta altura merece ser lembrado, como acima citado, que a dissolução irregular pode embasar o pedido de desconsideração da personalidade jurídica quando comprovada a existência dos demais pressupostos previstos em lei, como o abuso da personalidade jurídica, o desvio de finalidade, a confusão patrimonial, a prática de atos ilícitos, a violação dos estatutos e contrato social, hoje disciplinada pela nova redação do art. 50 do Código Civil, oriunda da Lei nº 13.874/2019.

O correto é que a dissolução irregular por encerramento das atividades da empresa sem a regular dissolução e liquidação para pagamento dos seus credores pode ser indício de uso abusivo da personalidade jurídica e de má administração da sociedade com a prática de atos lesivos ao seu patrimônio e a responsabilização, dependendo da hipótese, dos sócios ou do sócio-gerente.

Finalmente, ressalte-se que a dissolução irregular como fundamento da responsabilização dos sócios pelas dívidas da sociedade não está positivada no ordenamento jurídico, sendo uma construção jurisprudencial baseada numa interpretação sistemática dos dispositivos que regulam a responsabilidade dos sócios e a desconsideração da pessoa jurídica.

Por derradeiro sobre as Súmulas 430 e 435, no âmbito do STJ, merece destaque trecho do trabalho de autoria de Rafael Santiago Costa, para o Informativo de "Santos Rodrigues-Advogados", ao assim se posicionar: "Se por um lado o sócio-gerente não pode ser responsabilizado solidariamente pelo mero inadimplemento tributário da pessoa jurídica, por outro, a dissolução irregular da empresa, presumida pelo abandono de seu domicílio fiscal, permite a responsabilização daquele sócio.

Ocorre que aplicação da Súmula nº 435 de forma literal e desatenta às peculiaridades de cada caso parece levar a uma contradição com a Súmula nº 430. Isso porque a empresa com dívidas tributárias e que não tenha mais condições de dar prosseguimento às suas atividades – até para não majorar suas dívidas – fica impossibilitada de promover sua baixa regular, haja vista a necessidade de apresentar certidões de regularidade fiscal. Não sendo possível a baixa regular da empresa em função da existência de débito tributário e constatada a impossibilidade do prosseguimento das atividades empresariais, parece-nos óbvia a consequência de que a empresa deixará de funcionar em seu domicílio fiscal e em qualquer outro endereço. Surgirá, então, o risco concreto da presunção da dissolução irregular e consequente responsabilização pessoal do sócio-gerente (Súmula 435). Entretanto, como visto, a Súmula nº 430 estabelece que o mero inadimplemento tributário da empresa não é suficiente a tal responsabilização. Essas questões merecem maior reflexão - inclusive no que se refere às possibilidades de a pessoa jurídica encerrar ou suspender suas atividades com plena ciência da fiscalização (recuperação judicial, por exemplo), mesmo com a existência de débitos tributários, fazendo-se por ora apenas o alerta de que a aplicação da Súmula nº 435 sem qualquer temperamento pode esvaziar a própria Súmula nº 430."

Responsabilidade em sucessão empresarial – SÚMULA 554

Na hipótese de sucessão empresarial, a responsabilidade da sucessora abrange não penas os tributos devidos pela sucedida, mas também as multas moratórias ou punitivas referentes a fatos geradores ocorridos até a data da sucessão.

O Código Civil, em seu art. nº 1.146, ao tratar "Do Estabelecimento", assim define o mesmo tema: "O adquirente do estabelecimento responde pelo pagamento dos débitos anteriores à transferência, desde que regularmente contabilizados, continuando o devedor primitivo solidariamente obrigado pelo prazo de um ano, a partir, quanto aos créditos vencidos, da publicação, e, quanto aos outros, da data do vencimento".

Por definição, a sucessão empresarial é um procedimento de alteração na organização das sociedades, com a passagem do poder e do capital da atual direção de uma pessoa jurídica para terceiro que continuará exercendo as funções econômicas anteriores.

Um ponto que precisa ser observado é a desnecessidade de formalização, de modo que pode ocorrer a sucessão empresarial mesmo sem um ato específico ou voluntário das empresas nesse sentido, admitindo-se a sua presunção a partir de prova indiciária convincente.

Alguns exemplos de situações em que pode ocorrer a sucessão empresarial e que mais comumente ocorrem são os seguintes:

- transformação, fusão ou incorporação da companhia;
- venda do estabelecimento empresarial;
- alterações no quadro societário.

Para que se caracterize a sucessão empresarial, basta que, após adquirir ativos de uma empresa preexistente, o adquirente permaneça no mesmo ramo de atuação, ainda que com outra razão social, que se define como a "sucessão no negócio". Mais do que isso: a sucessão empresarial pode ser presumida, não dependendo da apresentação de provas da compra e venda do fundo de comércio ou do estabelecimento empresarial, conforme vem sendo admitido pelo Poder Judiciário, como no exemplo seguinte:

AGRAVO DE INSTRUMENTO – EXECUÇÃO FISCAL – DECISÃO QUE DETERMINOU O REDIRECIONAMENTO DO FEITO EM FACE DE PESSOA JURÍDICA DIVERSA COM FUNDAMENTO NA SUCESSÃO EMPRESARIAL (ART. 133, DO CTN) – INEXISTÊNCIA DE PROVA DE ATO FORMAL DE COMPRA E VENDA DO FUNDO DE COMÉRCIO – IRRELEVÂNCIA – SUCESSÃO PRESUMIDA ADMITIDA PELA DOUTRINA E JURISPRUDÊNCIA – COMPROVAÇÃO MEDIANTE INDÍCIOS E PROVAS CONVINCENTES – EXERCÍCIO DA MESMA ATIVIDADE, MESMO ENDEREÇO E SÓCIOS – ALEGAÇÕES DA AGRAVANTE QUE SÃO INAPTAS A INFIRMAR OS FUNDAMENTOS DA DECISÃO AGRAVADA – RECURSO A QUE SE NEGA PROVIMENTO. (TJPR– 2ª C. Cível – AI – 1342066-5– Santo Antônio do Sudoeste – Rel.: Antônio Renato Strapasson – Unânime – J. 09.06.2015)

Especificamente, no âmbito tributário, a sucessão empresarial está prevista no art. 133 do Código Tributário Nacional. Nessa hipótese, caso a empresa vendedora de ativos continue exercendo suas atividades no mesmo ramo, a empresa compradora sucessora apenas será responsabilizada subsidiariamente, ou seja, a responsabilização ocorrerá somente se a primeira não arcar com a dívida ou se arcar com ela parcialmente.

Capítulo II – Assuntos Relevantes

Porém, se a empresa sucedida deixar de exercer atividades no mesmo ramo, a situação torna-se ainda mais grave: a empresa sucessora responderá integralmente pelos débitos tributários.

Ressalte-se que esse impasse não pode ser resolvido apenas por meio da edição de um contrato isentando a adquirente de responsabilidade, pois, de acordo com o art. 123 do Código Tributário Nacional, as convenções particulares não são oponíveis ao Fisco, e este poderá requerer a responsabilização da sociedade empresária sucessora.

Segundo ainda o previsto no Código Tributário Nacional, no Capítulo da Responsabilidade Tributária, a pessoa natural ou jurídica de direito privado que adquirir de outra, por qualquer título, fundo de comércio ou estabelecimento comercial, industrial ou profissional, e continuar a respectiva exploração, sob a mesma ou outra razão social, ou sob firma ou nome individual, responde pelos tributos relativos ao fundo ou estabelecimento adquirido devidos até a data do ato.

Parece oportuna ser lembrada, para que não fique sem uma referência, apesar de não se tratar da sucessão empresarial, mas da responsabilidade do cedente na cessão de quotas de sociedade limitada, a regra estabelecida pelo parágrafo único do art. 1.003 do Código Civil ao prever: "Até dois anos de averbada a modificação do contrato, responde o cedente solidariamente com o cessionário, perante a sociedade e terceiros, pelas obrigações de tinha como sócio".

Tal dispositivo tem como complemento o art. 1.144 do Código Civil, ao determinar que: "O contrato que tenha por objeto a alienação, o usufruto ou arrendamento do estabelecimento só produzirá efeitos quanto a terceiros depois de averbado à margem da inscrição do empresário, ou da sociedade empresária, no Registro Público de Empresas Mercantis, e de publicado na imprensa oficial".

O Código Civil indica o prazo de dois anos para possível responsabilização do sócio, quando ocorrer cessão de quotas. Analogamente, a jurisprudência utiliza o mesmo prazo para responsabilização em geral, pois se considera que o sócio (vivo) pode se retirar da sociedade por cessão de quotas ou por encerramento das atividades da empresa.

Não sendo demais destaque para julgado do STJ, com a seguinte ementa:

RECURSO ESPECIAL. CIVIL. PROCESSUAL CIVIL. AÇÃO DE COBRANÇA. SOCIEDADE LIMITADA. CESSÃO DE QUOTAS SOCIAIS. OBRIGAÇÕES ANTERIORES À CESSÃO. LEGITIMIDADE ATIVA DA SOCIEDADE EMPRESÁRIA. DECADÊNCIA. TERMO INICIAL. REGISTRO DA ALTERAÇÃO CONTRATUAL. CEDENTE. RESPONSABILIDADE. APÓS AVERBAÇÃO. PERÍODO. DOIS ANOS. DISSÍDIO JURISPRUDENCIAL. AUSÊNCIA DE DEMONSTRAÇÃO. SÚMULA nº 13/STJ. (REsp 1484164 / DF, Relator: Ministro Ricardo Villas Bôas Cueva, Terceira Turma, Julgamento, 6/6/2017, DJe 13/6/2017).

Capítulo III

A Lei nº 13.874, de 2019 e sua repercussão na Lei nº 8.934/1994

Reflexos da nº 13.874/2019 na Lei nº 8.934/1994

Introdução

Antes de apreciarmos as repercussões da Lei nº 13.874, de 20 de setembro de 2019, denominada a "Lei da Liberdade Econômica", sobre o Registro Público das Empresas Mercantis e Atividades Afins, cuja dimensão, repercussões e complexidade na sua aplicação ainda se acham sob exame dos estudiosos, é de boa norma para se ter uma ideia do que pretendemos destacar, quanto a sua dimensão quanto a sua dimensão e aos diversos setores do direito e da vida empresarial por ela envolvidos, que se dê destaque a sua ementa:

> Institui a Declaração de Direitos de Liberdade Econômica; estabelece garantias de livre mercado; altera as Leis nºs 10.406, de 10 de janeiro de 2002 (Código Civil), 6.404, de 15 de dezembro de 1976, 11.598, de 3 de dezembro de 2007, 12.682, de 9 de julho de 2012, 6.015, de 31 de dezembro de 1973, 10.522, de 19 de julho de 2002, 8.934, de 18 de novembro 1994, o Decreto-Lei nº 9.760, de 5 de setembro de 1946 e a Consolidação das Leis do Trabalho, aprovada pelo Decreto-Lei nº 5.452, de 1º de maio de 1943; revoga a Lei Delegada nº 4, de 26 de setembro de 1962, a Lei nº 11.887, de 24 de dezembro de 2008, e dispositivos do Decreto-Lei nº 73, de 21 de novembro de 1966; e dá outras providências.

Nada menos do que oito (8) leis, três (3) decretos-lei e uma (1) lei delegada foram objeto de tratamento pela lei em evidência a demonstrar por simples observação numérica o quanto adentrou na legislação vigente, cujos efeitos pela sua natureza só o tempo terá as respostas tanto esperadas dos diversos segmentos por ela tratados.

No campo específico deste livro, procuraremos examinar, nesta primeira hora de sua aplicação, pendente em certos pontos de normas legislativas e administrativas complementares, especialmente em relação ao Registro Público de Empresas Mercantis.

No seu todo, destacamos as principais alterações gerais pela lei determinadas, sem nos aprofundarmos nos temas por fugir ao objeto deste livro, mas que merecem anotação, quais sejam:

Baixo risco: atividades consideradas de baixo risco, propriedade privada própria ou de terceiros, poderão ser exercidas sem nenhum ato público de liberação.

Desconsideração da personalidade jurídica: a pessoa jurídica não se confunde com seus sócios, salvo se for caracterizado desvio de finalidade ou confusão patrimonial, esta entendida por ausência de separação de fato entre os patrimônios. A pessoa jurídica passa a ter autonomia patrimonial. Inclusive, não será desconsiderada a personalidade jurídica a simples existência do grupo econômico.

Negócio jurídico – liberdade de contratação: é confirmado pelo comportamento das partes posterior à celebração do negócio; corresponder aos usos, costumes e prática de mercado; boa-fé; for mais benéfico à parte que não redigiu o dispositivo; livre pactuação de regras de interpretação entre as partes no preenchimento de lacunas legais; liberdade contratual nos limites da função social do contrato.

Sociedade Limitada: poderá ser constituída por única pessoa e somente o patrimônio social da empresa responderá pelas dívidas da empresa, não se confundindo em nenhuma hipótese com o patrimônio do titular, pessoa física, salvo em caso de fraude.

Atos societários: os atos societários de todo tipo de sociedade, bem como a dissolução e extinção do registro, poderão ser realizados por meio de sistema eletrônico a ser criado pela Administração Pública Federal.

Armazenamento eletrônico de documentos: permitido o armazenamento eletrônico de documentos públicos ou privados, desde que constatada a integridade do documento digital (que ainda será regulamentado pelo governo), podendo o original ser destruído, observados os prazos de decadência e prescrição, sendo que o documento eletrônico terá o mesmo valor probatório do original, para todos os fins de direito.

Passando ao estudo específico, pretendido por este livro, quanto à repercussão da Lei nº 13.874, de 20 de setembro de 2019, seus impactos e efeitos em relação ao Registro Público de Empresas Mercantis, é questão pacífica, devendo merecer atenção e destaque especial alguns parâmetros bem definidos na nova lei e que repercutem diretamente no registro em questão. Desde logo, como premissa, vale ressaltar o estabelecido pelo seu art. 7º, que deu origem ao novo art. 49-A, *caput*, do Código Civil, que transcrevemos: "*A pessoa jurídica não se confunde com os seus sócios, associados, instituidores ou administradores*".

De forma clara demonstrando a independência entre o capital, os sócios, associados, instituidores ou administradores e a empresa, suporte de toda a fundamentação que de forma clara e expressa o legislador deixou consignado, em seu parágrafo único, apoiando a origem e finalidade da empresa como ente autônomo e independente, dando ênfase a sua função social, ao determinar que: "*A autonomia das pessoas jurídicas é um instrumento lícito de alocação e segregação de riscos estabelecido pela lei com a finalidade de estimular empreendimentos, para a geração de empregos, tributo, renda e inovação em benefício de todos*"

Ainda no exame preliminar da nova lei, ênfase deve ser destacada, em relação à atual redação do art. 421 e 421-A introduzido no Código Civil, alterando o dispositivo anterior ao suprimir as palavras "em razão e", passando o texto a ter caráter impositivo ao determinar: "A liberdade contratual será exercida nos limites da função social do contrato".

Assim, tornado regra cogente o aspecto social do contrato, que passa a definir como norma geral de aplicação, tendo o caráter social acima de toda e qualquer outra interpretação.

Com tais paradigmas, a Lei nº 13.874/2019 fixou rumos claros, a que o aplicador do direito cabe respeitar e cumprir, criando para o direito societário um rumo claro e definitivo em que, se repita, "a liberdade de contratar será exercida nos limites da função social do contrato".

Dentro da sistemática que nos propusemos, na abordagem geral das sociedades empresariais e de aspectos societários relevantes, passaremos a tratar da forma mais sistemática possível das repercussões dessa lei em relação ao Registro Público de Empresas Mercantis e Atividades Afins.

Desde logo, destaca-se com ênfase particular a forma como o usuário passa a se relacionar com as Juntas Comerciais, no seu dia a dia, resultando alterações em certos procedimentos, particularmente ante a postura e competência do Departamento Nacional de Registro Empresarial e Integração (DREI) a serem seguidas por aqueles que praticam tal Registro Público.

A primeira grande alteração refere-se ao relacionamento entre o DREI, as Juntas Comerciais e demais órgãos públicos, pela utilização dos meios tecnológicos da informática colocados à disposição dos usuários e à simplificação dos procedimentos, muitos dos quais, de agora em diante, sem a necessidade da sua presença e atuação.

A segunda alteração trata do evidente apoio ao contingente dominante do setor empresarial no Brasil constituído pela pequena e pela média empresas, ao excluir obstáculos e fixar regras de atuação visíveis e de possível execução.

Tais procedimentos em consonância com outros que certamente resultarão da redução das formalidades e da fixação de prazos para a prática de determinados atos só virão minimizar serviços e procedimentos, permitindo que se tornem realidade os enfoques priorizados no parágrafo único do criado art. 49-A do Código Civil, quais sejam: "... estimular empreendimentos, gerar empregos, tributo, renda e inovação em benefício de todos", tendo sempre em conta a função social e o princípio de preservação da empresa, paradigmas da sustentabilidade e um dos alicerces da empresa contemporânea.

Alterações da Lei nº 8.934/1994 feitas pela Lei nº 13.874/2019.

Inicialmente, destacamos que a lei em evidência em seu artigo 7º promoveu incursões no Código Civil Brasileiro (Lei nº 10.406, de 10 de janeiro de 2002), rapidamente comentadas a seguir, e em seu artigo 14, efetivando diversas alterações e acréscimos na Lei nº 8.934, de 18 de novembro de 1994, que disciplina o Registro Público de Empresas Mercantis e Atividades Afins em nosso país, dando-lhe nova redação e/ou estabelecendo normas novas.

Capítulo III – Reflexos da nº 13.874/2019 na Lei nº 8.934/1994

A lei nº 13.874/2020 promoveu alterações e inclusões no Código Civil, com reflexos diretos no direito societário, à saber:

a) Criou o art. 49-A, estabelecendo que: "A pessoa jurídica não se confunde com os seus sócios, associados, instituidores ou administradores".

b) Deu nova redação ao seu art. 421 ao prever: "A liberdade contratual será exercida nos limites da função social do contrato".

c) Instituiu a Sociedade Limitada Unipessoal através da inclusão do § 1º no art. 1.052, estabelecendo que: "A sociedade limitada pode ser constituída por 1 (um) ou mais pessoas".

A par da importância dessas três regras, merece ênfase especial a terceira delas, com a criação de um novo tipo de sociedade limitada, a Sociedade Limitada Unipessoa, que já tratamos em parte específica desta obra, criando um novo tipo de sociedade empresária, com características bem definidas e que em muito se destaca daquelas que disciplinam as sociedades limitadas, a saber:

– a possibilidade de a sociedade possuir apenas um sócio;

– a responsabilidade do sócio se limitar ao valor do capital social da empresa, fixado no contrato social, apesar da unicidade societária.

Destaque ainda a merecer ênfase, refere-se a elevação do Departamento Nacional de Registro Empresarial e Integração (DREI) da Secretaria de Governo Digital da Secretaria Especial de Desburocratização, Gestão e Governo Digital do Ministério da Economia à condição de órgão máximo do Registro Público de Empresas Mercantis e Afins, além de foro maior e última instância na escala de apreciação do processo revisional e recursos das decisões, como previsto pelas novas redações do art. 4º, 44, III, e 47 da Lei nº 8.943/1994.

A seguir, passamos a tratar, de forma sistêmica, das normas da Lei nº 8.943/1994, que tiveram repercussões face a alterações, inclusões e exclusões determinadas pelo art. 14 da Lei nº 13.874/2019.

Art. 2º, parágrafo único – Revogado

Em relação a tal dispositivo, consequência da nova redação do parágrafo único do art. 35, não mais está prevista à proibição do andamento de processos de firmas individuais ou sicuedade sem que conste a o obrigatoriedade de incluir nos respectivos requerimentos o – Número de Identificação do Registro de Empresas – (NIRE).

Em verdade, tratava-se de procedimento meramente administrativo, que em nada influía no ato propriamente dito, só representando mais uma obrigação para o usuário.

Art. 4º – Nova redação

> "O Departamento Nacional de Registro Empresarial e Integração (Drei) da Secretaria de Governo Digital da Secretaria Especial de Desburocratização, Gestão e Governo Digital do Ministério da Economia tem por finalidade".

Texto já comentado, promoveu a adaptação da nomenclatura desse órgão à realidade atual, em face da substituição do Departamento Nacional de Registro do Comércio (DNRC) pelo Departamento Nacional de Registro Empresarial e Integração (DREI), pela Lei nº 12.792, de 28 de março de 2013, acrescentando ainda um parágrafo único, com o que segue.

Artigo 4º, Parágrafo único – Acréscimo

> O cadastro nacional a que se refere o inciso IX do caput deste artigo será mantido com informações originárias do cadastro estadual de empresas, vedados a exigência de preenchimento de formulário pelo empresário ou o fornecimento de novos dados ou informações, bem como a cobrança de preço pela inclusão das informações no cadastro nacional.

Texto introduzido pela nova lei, que a par da exclusão de exigências para o empresário, ponto marcante do novo texto legal, retirou-lhes os ônus em relação aos atos e procedimentos especificados e devem ser executados pelo setor público, proibiu a cobrança pela inclusão de informações no cadastro nacional, deixando claro que tal obrigação é dos órgãos públicos. Destaque-se que tais procedimentos, particularmente, no que se refere à responsabilidade dos órgãos públicos e à não incidência de custos para o empresário, são pontos de destaque da nova lei, em diversos de seus artigos.

Artigo 31 – Nova redação

> "Os atos decisórios serão publicados em sítio da rede mundial de computadores da junta comercial do respectivo ente federativo."

Com o novo texto, foi substituída a competência do órgão de publicidade dos atos das Juntas Comerciais, não mais sendo exigida sua publicação no Diário Oficial do Estado ou da União, como anteriormente previsto, limitando-os ao sítio das Juntas Comerciais. Tal alteração encontra respaldo nos princípios que norteiam a lei em questão, porém, representará para os usuários a necessidade de uma atenção especial em relação às publicações feitas pelas Juntas Comerciais e aos prazos delas decorrentes.

Art. 32 – Acréscimo

> § 1º Os atos, os documentos e as declarações que contenham informações meramente cadastrais serão levados automaticamente a registro, se puderem ser obtidos de outras bases de dados disponíveis em órgãos públicos.
>
> § 2º Ato do Departamento Nacional do Registro Empresarial e Integração definirá os atos, os documentos e as declarações que contenham informações meramente cadastrais.

Trata da normatização de regras fixadas pela Lei nº 13.874/2019, visando a transferência da prática de determinados atos para quem, naturalmente detém ou deve deter as informações, assim simplificando o sistema na execução de procedimentos pelos órgãos públicos relativos a documentos contendo informações meramente cadastrais, em princípio, não havendo responsabilidades para os usuários/ empresários, porém ainda pendente de regulamentação pelo DREI. Como se vê, esta e várias outras regras dispostas pela Lei de Liberdade Econômica tem destino claro e específico, qual seja, tornar o registro de empresas mais prático e menos burocratizado.

Art. 35, Item VIII – Revogado

Tratava da proibição de arquivamento de contratos ou estatutos pendentes de aprovação pelo Governo, quando necessária essa aprovação. Com o novo parágrafo único, essa formalidade foi extinta, dentro da linha determinada, de forma geral, pelo novo texto legislado.

Art. 35. Parágrafo único – Nova redação

> O registro dos atos constitutivos e de suas alterações e extinções ocorrerá independentemente de autorização governamental prévia, e os órgãos públicos deverão ser informados pela Rede Nacional para a Simplificação do Registro e da Legalização de Empresas e Negócios (REDESIM) a respeito dos registros sobre os quais manifestarem interesse.

Com a nova redação do parágrafo único, foi eliminada a exigência de prévia autorização governamental, bem como, como já referido, do NIRE, abrindo-se mais uma perspectiva de agilização do registro de atos constitutivos, assim como alterações e extinção de determinadas empresas, sendo estabelecida forma de informação através da Rede Nacional para a Simplificação do Registro e da Legalização de Empresas e Negócios (REDESIM), sem a necessidade da interferência do empresário ou sociedade empresária, resultando natural desburocratização do sistema.

Art. 41, I – Letra "a" – Nova redação

a) dos atos de constituição de sociedades anônimas;

Ante a nova regra, só os atos de constituição de sociedades anônimas continuam sujeitos ao regime de decisão colegiada pelas Juntas Comerciais, deixando de ser competência desse órgão, em relação às socie dades anônimas, os seguintes atos: "atas de assembleias gerais e demais atos relativos a essas sociedades", como consequência passando para a competência do julgador singular o seu exame e a decisão. Tal procedimento resultará numa evidente redução das atribuições dos Vogais, julgadores no colegiado, através das Turmas das Junta Comerciais.

Art. 41, parágrafo único – Acréscimo

> Os pedidos de arquivamento de que trata o inciso I do caput deste artigo serão decididos no prazo de 5 (cinco) dias úteis, contado da data de seu recebimento, sob pena de os atos serem considerados arquivados, mediante provocação dos interessados, sem prejuízo do exame das formalidades legais pela procuradoria.

Nesse artigo, foi criado o parágrafo único com determinação benéfica para as empresas, qual seja, a fixação do prazo de 5 (cinco) dias úteis para arquivamento de:

a) atos de constituição de sociedades anônimas, bem como das atas de assembleias gerais e demais atos;

b) atos referentes à transformação, incorporação, fusão e cisão de empresas mercantis;

c) atos de constituição e alterações de consórcio e de grupo de sociedades afins, conforme previsto na Lei nº 6.404, de 15 de dezembro de 1976.

Quando tal não ocorrer, poderá a parte provocar tal decisão, sendo que o exame do ato será *a posteriori* dos processos arquivados por força dessa regra, cabendo às procuradorias sua execução, não tendo sido estabelecido um procedimento específico a respeito, inclusive na hipótese de pronunciamento contrário ao arquivamento, o que nos leva a concluir pela aplicação do rito próprio ao processo revisional estabelecido pelo art. 44 e seguintes da Lei nº 8.934/1994.

Art. 42, parágrafo único – Transformação

§ 1º – Mantida a redação do texto original.

Art. 42, §§ 2º a 6º – Acréscimo

De uma forma geral, as alterações e acréscimos determinadas neste artigo, além de transformar o parágrafo único em § 1º, sendo mantida sua redação original, foram acrescentados os parágrafos 2º ao 6º, trazendo no seu contexto as seguintes disposições:

a) simplificação na formalização dos pedidos de arquivamento, excetuados os do inciso I do caput do art. 41;

b) limitado o prazo a 2 (dois) dias úteis para a formalização, sob pena de ocorrer automaticamente, se requerido pela parte, com exame das formalidades legais no prazo de dois dias úteis pela procuradoria após sua formalização, valendo a ressalva a respeito do artigo anterior;

c) arquivamento deferido automaticamente, disciplinado pela Instrução Normativa DREI nº 62, de 10.05.2019, tendo sido tratado em item próprio deste livro;

d) a forma de revisão dos atos arquivados e as hipóteses de revisão do arquivamento, quando da existência de vício insanável ou sanável.

Destaque-se que, como já mencionado, ainda sobre as regras dispostas neste artigo, e visando "... simplificar e desburocratizar o processo de registro de empresários e sociedades empresárias, de modo a melhorar o ambiente de negócios no Brasil", o DREI, através da Instrução Normativa DREI nº 62, de 10 de maio de 2019, normatizando a Medida Provisória nº 876, de 13 de março de 2019, hoje transformada na Lei nº 13.874, de 20 de setembro de 2019, estabeleceu modelos e cláusulas padronizadas destinadas à simplificar a constituição de sociedades mercantis.

> § 2º Os pedidos de arquivamento não previstos no inciso I do caput do art. 41 desta Lei serão decididos no prazo de 2 (dois) dias úteis, contado da data de seu recebimento, sob pena de os atos serem considerados arquivados, mediante provocação dos interessados, sem prejuízo do exame das formalidades legais pela procuradoria, além do parágrafo 3º prever o registro automático, nas hipóteses que ele relaciona.

A presente regra tem os mesmos efeitos do estabelecido no novo artigo 41, parágrafo único acima mencionado e já acima comentado.

> § 3º O arquivamento dos atos constitutivos e de alterações não previstos no inciso I do caput do art. 41 desta Lei terá o registro deferido automaticamente caso cumpridos os requisitos de:
> I – aprovação da consulta prévia da viabilidade do nome empresarial e da viabilidade de localização, quando o ato exigir; e
> II – utilização pelo requerente do instrumento-padrão estabelecido pelo Departamento Nacional de Registro Empresarial e Integração (Drei) da Secretaria de Governo Digital da Secretaria Especial de Desburocratização, Gestão e Governo Digital do Ministério da Economia.

Tal parágrafo estabeleceu uma nova forma de registro, o registro automático, tendo o DREI fixado regras para sua execução, através da Instrução Normativa DREI nº 62, de 10.05.2019, que regulou dispositivo da Medida Provisória n.º 876, de 2019, posteriormente transformada na Lei 13.874/2019, e que passamos a examinar, em rápidos comentários.

A Instrução Normativa divide-se em três capítulos.

O primeiro, que trata das exigências e procedimentos a serem adotados pelo(s) interessado(s) e pela Junta Comercial em relação ao arquivamento automático do ato constitutivo de empresário individual, empresa individual de responsabilidade limitada (EIRELI) e sociedade limitada, exceto empresa pública, determinando ainda que aqueles instrumentos que não atenderem às regras dessa Instrução Normativa seguirão os trâmites previstos no art. 40 e parágrafos da Lei nº 8.934/94.

O segundo trata do exame posterior das formalidades legais após o registro automático do ato e suas consequências.

O terceiro estabelece prazo para sua vigência de 90 (noventa) dias, a contar da publicação da referida Instrução Normativa.

> § 4º O arquivamento dos atos de extinção não previstos no inciso I do caput do art. 41 desta Lei terá o registro deferido automaticamente no caso de utilização pelo requerente do instrumento-padrão estabelecido pelo Drei.
>
> § 5º Nas hipóteses de que tratam os §§ 3º e 4º do caput deste artigo, a análise do cumprimento das formalidades legais será feita posteriormente, no prazo de 2 (dois) dias úteis, contado da data do deferimento automático do registro.
>
> § 6º Após a análise de que trata o § 5º deste artigo, a identificação da existência de vício acarretará:
>
> I – o cancelamento do arquivamento, se o vício for insanável; ou
>
> II – a observação do procedimento estabelecido pelo Drei, se o vício for sanável.

Como se vê, os parágrafos 4º, 5º e 6º tiveram por propósito fixar as normas a serem cumpridas para a aplicação do registro automático, sendo de se destacar alguns pontos.

O parágrafo 4º prevê o arquivamento automático dos atos de extinção, resslavadas as regras do inciso I do artigo 41, se utilizado o instrumento padrão previsto na lei.

O parágrafo 5º cuida do reexame do deferimento automático de registro, fixando prazo para sua execução.

E, o parágrafo 6º, fixa os procedimentos em relação a identificação de vícios em relação aos atos arquivados automaticamente.

<u>Art. 44, III</u> – Nova redação

>Recurso ao Departamento Nacional de Registro Empresarial e Integração.

Ao dar nova redação ao inciso III do art. 44, alterou a lei em relação a competência do processo revisional do Registro Público de Empresas Mercantis e Atividades Afins, passando a ter a seguinte gradação:

I – Pedido de reconsideração.

II – Recurso ao Plenário.

III – Recurso ao DREI – Departamento Nacional de Registro Empresarial e Integração.

Com tal alteração, a competência do último recurso na esfera administrativa no Registro Público de Empresas Mercantis e Atividades Afins passou a ser de competência do– Departamento Nacional de Registro Empresarial e Integração (DREI), mantendo-se as demais inalteradas.

<u>Art. 47</u> – Nova redação

>Das decisões do plenário, cabe recurso ao Departamento Nacional de Registro Empresarial e Integração como última instância administrativa.

Com a nova redação ao art. 47, como já destacado no exame do artigo anterior, foi modificado o texto original ao teor do inciso III do art. 44, consolidando a competênca do DREI.

Além de revogar o seu parágrafo único, que tratava da possibilidade da capacidade decisória ser delegada, no todo ou em parte.

<u>Art. 54</u> – Nova redação

>A prova da publicidade de atos societários, quando exigida em lei, será feita mediante anotação nos registros da junta comercial à vista da apresentação da folha do Diário Oficial, em sua versão eletrônica, dispensada a juntada da mencionada folha.

Com a nova redação do artigo, foram substituídas as palavras "... da folha do Diário Oficial, ou do jornal onde foi feita a publicação, ..." por "... da folha do Diário Oficial, em sua versão eletrônica, ...", mantendo-se no mais a redação original, Por sua vez, a Instrução Normativa DREI nº 67, de 30 de setembro de 2019, na parte de legislação deste livro, que alterou o Manual de Registro de Sociedade Anônima, aprovado pela Instrução Normativa DREI nº 38, de 2017, regulou a matéria no âmbito do registro do comércio.

Ainda por disposição da Instrução Normativa DREI nº 67, as publicações ordenadas pela Lei nº 6.404, de 1976 (art. 289) serão realizadas:

a) no caso de companhia aberta: no Sistema Empresas.NET, nos termos da Deliberação CVM nº 829, de 27 de setembro de 2019; ou

b) no caso de companhia fechada: na Central de Balanços(CB) do Sistema Público de Escrituração Contábil (SPED), nos termos da Portaria ME nº 529, de 26 de setembro de 2019.

Todavia, tal regulamentação em face do novo texto legal ora comentado, causa certa perplexidade seu cumprimento, eis que, a norma administrativa não pode superar a lei, que nesta hipótese é clara e bem definida ao estabelecer: "*A prova da publicidade de atos societários, quando exigida em lei, será feita mediante anotação nos registros da junta comercial à vista da apresentação da folha do Diário Oficial, em sua versão eletrônica, dispensada a juntada da mencionada folha.*"

Ainda de se notar que, o art. 5º da MP nº 892, de 2019, que posteriormente se converteu na Lei nº 13.874/2019, previa: "Esta Medida Provisória entra em vigor na data da sua publicação, produzindo efeitos no primeiro mês seguinte à data de publicação dos atos da Comissão de Valores Mobiliários e do Ministério da Economia a que se refere o art. 289 da Lei nº 6404, de 1976". Ocorre que, quando aprovada a Lei nº 13.874/2019, não foi mantida tal redação, ficando sem efeito tal dispositivo., permanecendo apenas a obrigatoriedade "... *da apresentação da folha do Diário Oficial, em sua versão eletrônica,...*"

Sobre o tema, não é demais trazer o "Comentário Geral" sobre o art. 289 da Lei n.º 6404 ao examinar o mencionado dispositivo em nossa obra: "A reforma da Lei das S.A." (2004), e que com a solução posta em prática pela nova lei minimiza os efeitos àquela época destacados, porém não os elimina, pois é sabido que com a imposição da publicação exclusiva no Diário Oficial, em sua vesão eletrônica, os usuários agora passaram a ficar atrelados a tal publicação, cujos preços à falta de concorrência, resultam da livre vontade e necessidade do Estado.

Em resumo, assim nos manifestamos àquela época:

> As regras definidas por este artigo são aquelas que mais controvérsias têm trazido para as companhias, em face de dois fatores fundamentais: o primeiro, originário do monopólio das publicações, por lei definidas como indispensáveis no "órgão oficial da União ou do Estado e do Distrito Federal, conforme o lugar em que esteja situada a sede da companhia...", vale dizer, a obrigação da publicação no Diário Oficial de todas as matérias que a lei assim determina."
>
> E a segunda, ao estabelecer: – ... e em outro jornal de grande circulação editado na localidade em que está situada a sede da companhia.–, agora "ex vi legis" revogada.

Sobre o assunto, em reportagem da Gazeta Mercantil, de 30 de setembro de 2003, intitulada "O monopólio do Diário Oficial deve acabar", o presidente da CVM, advogado Luiz Leonardo Cantidiano, foi bastante enfático ao afirmar que:

> Eu defendo o fim do monopólio do Diário Oficial, que ninguém lê. Eles devem brigar por verbas no Orçamento da União e não pela reserva de mercado, que onera as empresas. Outro dia, escreveram um edital com fortes críticas contra minha posição... e publicaram num jornal de grande circulação e não no DO. Parece piada de detetive português.

E, já a época, comungávamos em gênero e número com a autoridade ora citada, ao afirmarmos que: "Na verdade, com o monopólio mantido, segundo voz corrente, nos bastidores e nas últimas horas da elaboração da Lei nº 10.303/2001, o Estado passa a ter um poder que nenhum outro órgão possui, neste setor, eis que, em face da compulsória obrigatoriedade, sem nenhuma outra obrigação senão receber os atos prontos para serem impressos, e já agora, com a exigências/facilidades próprias da informatização, não praticando as imprensas oficiais nenhuma atividade pré-publicação que justifique seus altos custos, pois bem, o Poder Público (União e/ou Estados) ditam e fixam os preços que bem lhes convêm, sem a ninguém e nada ouvir, senão aos seus próprios interesses, onerando sensivelmente o já combalido mercado empresarial, passando a auferir renda, muitas vezes, superior à daqueles (os jornais) que, efetivamente, divulgam e dão publicidade aos atos societários.

A estes sim deverá competir tal tarefa, dentro da natural e necessária disputa e competição do mercado, própria do regime em que vivemos, em que os privilégios e exceções, como ora em exame, devem, de uma vez por todas, ser banidos em prol de um mercado sadio e efetivamente competitivo.

Finalmente, se é interesse da lei, ver a publicidade de tais documentos através de um veículo oficial público, por que não, através da utilização dos "sites" da CVM e do Bovespa, abertos e acessíveis a quaisquer interessados.

Como se vê do novo texto legal, o legislador avançou, determinando a utilização da informática para a divulgação de atos societários, mantendo todavia a obrigatoriedade da publicação no Diário Oficial, em sua versão eletrônica, nesta altura ferindo os próprios princípios consagradas pela lei, particularmente, da redução dos custos nas formalizações dos atos societários .

<u>Art. 55</u> – Nova redação

> Compete ao Departamento Nacional de Registro Empresarial e Integração propor a elaboração da tabela de preços dos serviços pertinentes ao Registro Público de Empresas Mercantis, na parte relativa aos atos de natureza federal, bem como especificar os atos a serem observados pelas juntas comerciais na elaboração de suas tabelas locais.

Em cumprimento de tal norma, já o DREI, através da Instrução Normativa nº 68, de 7 de outubro de 2019, estabeleceu regras e especificou atos integrantes da tabela de preços dos serviços prestados pelos órgãos do Sistema Nacional de Registro de Empresas Mercantis (SINREM), visando atualizar, simplificar e uniformizar as tabelas de preços dos Serviços de Empresas Mercantis e Atividades Afins.

Art. 55, – Transformação

O § 1º resultou da transformação do parágrafo único, mantida a mesma redação do texto original, desnecessário seu comentário.

Art. 55, § 2º – Acréscimo

§ 2º É vedada a cobrança de preço pelo serviço de arquivamento dos documentos relativos à extinção do registro do empresário individual, da empresa individual de responsabilidade limitada (EIRELI) e da sociedade limitada.

Tal norma introduziu o § segundo, determinando a gratuidade pelo serviço de arquivamento e extinção da empresa individual, da EIRELI e da sociedade limitada, dentro do espírito que norteou a edição da norma legal, como já destacado.

Desta forma dando melhores condições e propiciando ao empresário individual, a empresa individual de responsabilidade limitada (EIRELI) e a sociedade limitada, representando no Brasil o maior nicho de agentes da mercancia, mais facilidades para se organizarem e oficiarizarem sua atividade.

Art. 63, parágrafo único – Revogado

O dispositivo revogado previa a forma de apresentação das cópias e autenticação de documentos, nesta nova forma o sistema foi simplificado facilitando ao usuário.

Artigo 63, §§ 1º, 2º e 3º – Acréscimo

§ 1º A cópia de documento, autenticada na forma prevista em lei, dispensará nova conferência com o documento original.

§ 2º A autenticação do documento poderá ser realizada por meio de comparação entre o documento original e a sua cópia pelo servidor a quem o documento seja apresentado.

§ 3º Fica dispensada a autenticação a que se refere o § 1º do caput deste artigo quando o advogado ou o contador da parte interessada declarar, sob sua responsabilidade pessoal, a autenticidade da cópia do documento.

A Lei nº 13.874/2019 transformou o parágrafo único desse art. da Lei nº 8.934/1994 em § 1º e criou mais dois parágrafos.

Em relação ao § 1º, dentro do espírito que norteou a Lei da Liberdade Econômica, quanto à sistemática da apresentação de cópia de documento já autenticado, dispensou a apresentação do original;

O § 2º, cuidou da hipótese da autenticação por servidor, a quem for apresentado o original e a sua cópia, a este cabendo efetuar a comparação, critério já adotado pelos órgãos públicos há algum tempo;

Finalmente seu § 3º, inovou, dando responsabilidade pessoal ao advogado ou contador para que declare pessoalmente e sob sua responsabilidade a autenticidade do documento apresentado. Medida louvável transferindo a responsabilidade àqueles que, por função de ofício ou por ato voluntáriovia via de regra participam diretamente na confecção e encaminhamento dos atos a serem formalizados pelos órgãos de registro empresarial, passando a ter fé pública, na forma da lei, tais procedimentos.

<u>Art. 65-A</u> – Acréscimo

Os atos de constituição, alteração, transformação, incorporação, fusão, cisão, dissolução e extinção de registro de empresários e de pessoas jurídicas poderão ser realizados também por meio de sistema eletrônico criado e mantido pela administração pública federal.

Essa é uma nova disposição legal introduzida na Lei nº 8.934/1994, permitindo a formalização de determinados atos nela previstos por meio do sistema eletrônico criado e mantido pela administração federal, dentro do caráter de praticidade e redução de tempo na formalização dos atos, característica da Lei nº 13.874/2019.

Observações finais

Destaque-se que vários dos artigos, parágrafos e incisos introduzidos, substituídos ou revogados da Lei nº 8.934/94 pela Lei nº 13.874/19 tinham seus correlatos no Decreto nº 1.800/96, que relacionamos a seguir:

Lei nº 8.934/94	Decreto nº 1.800/96
Artigo 31	Artigo 75
Artigo 35, VIII	Artigo 53, IX
Artigo 41, I, "a"	Artigo 50, II, "a"
Artigo 41, parágrafo único	Artigo 52
Artigo 44, III	Artigo 64, III
Artigo 47	Artigo 69
Artigo 47, parágrafo único	Artigo 69, § 5º
Artigo 54	Artigo 75

Como consequência, e de forma sintética, podemos resumir os principais aspectos da Lei nº 13.874/2019 que influíram em relação ao Registro Público de Empresas Mercantis, nos seguintes pontos:

1º – Extinção de licenças para atividades de baixo risco

Atividades econômicas, definidas como de baixo risco, não precisam de nenhum tipo de autorização para implantação e funcionamento. Assim, os empreendedores poderão exercer as atividades empresariais de forma ágil e compatível.

2º – Registro automático

O registro de atos de constituição, alteração e extinção de empresário individual, EIRELI, sociedade limitada e cooperativa deverá ser realizado de forma automática para os empreendedores que optarem pela adoção de instrumento-padrão, nos moldes estabelecidos pelo DREI, recebendo no ato de constituição o seu CNPJ.

3º – Extinção da taxa do CNE

Não poderá haver cobrança de preço pela inclusão de informações no Cadastro Nacional de Empresas (CNE), reduzindo os custos para o empreendedor.

4º – Publicidade de atos societários em meio eletrônico

As Juntas Comerciais realizarão a publicação de atos decisórios em seus *sites* na internet.

5º – Isenção de custos para extinção de empresas

É vedada a cobrança de preço público pelo serviço de arquivamento dos documentos relativos à extinção do registro do empresário individual, do EIRELI e da sociedade limitada.

6º – Declaração de autenticidade por advogados e contadores

O advogado ou o contador da parte interessada poderá declarar, sob sua responsabilidade pessoal, a autenticidade do documento, dispensando sua autenticação em cartório ou pelo servidor público.

7º – Fim da obrigatoriedade do NIRE

Não há mais necessidade da instituição do NIRE e, consequentemente, os pedidos de registro não precisam mais indicar esse número.

8º – Registro de atos societários independentemente de autorização prévia

Os atos empresariais poderão ser levados a registro, independentemente da existência de autorização prévia do governo. Os órgãos públicos serão informados pelo DREI a respeito dos registros sobre os quais manifestarem interesse para posterior fiscalização.

9º – Recursos ao DREI

A última instância recursal do processo revisional em matéria de registro empresarial passou a ser o Departamento Nacional de Registro Empresarial e Integração.

10º – Arquivamento automático de atos com informações meramente cadastrais

A integração, a colaboração e o compartilhamento de informações estruturais e serviços entre os órgãos municipais, estaduais, distritais e federais permitirão que os empreendedores não precisem levar a arquivamento atos, documentos e declarações que contenham informações meramente cadastrais, quando estas informações puderem ser obtidas em outras bases públicas.

11º – Sociedade Limitada Unipessoal

As sociedades limitadas podem ser constituídas (de forma originária ou derivada) por apenas um sócio. Esse tipo de sociedade não deixa de ser uma sociedade limitada, razão por que se aplicam às sociedades formadas por um único sócio as mesmas regras das sociedades limitadas com mais de um sócio.

12º – Enquadramento como Microempresa ou Empresa de Pequeno Porte

O enquadramento se dará mediante pedido em formulário próprio, bem como o seu desenquadramento, em que também será utilizado formulário devido.

13º – Cumprimento de exigências

Dar-se-á substituindo o instrumento errado por um novo, bem como a juntada de documentos no *site* da Junta Comercial, no protocolo WEB, fazendo menção que está sendo cumprida exigência.

14º - Competência dos advogados e contadores para declararem a autenticidade da cópia de documentos apresentados à formalização.

Capítulo IV
PROCEDIMENTOS NA PRÁTICA

Procedimentos adotados pela JUCERJA

Em face das regras ditadas pela Lei nº 13.874/19 e pelas instruções normativas estabelecidas pelo DREI, visando ao seu atendimento prático, torna-se necessário, a esta altura, que tratemos, ainda que em parte, ante a diversidade de procedimentos das Juntas Comerciais, a forma de sua execução que, por origem, todas elas devem seguir as normas que lhe são ditadas pelas leis específicas e as regras oriundas do DREI, em consonância com o art. 4º da Lei nº 8.9343/94, em sua nova redação.

Como exemplo prático, apresentamos a sistemática posta em funcionamento pela Junta Comercial do Estado do Rio de Janeiro, obtida no *site* www.jucerja.rj.gov.br, à guisa de informação aos usuários de seus procedimentos com vistas à formalização de atos societários, deixando de apresentar as de outras Juntas Comerciais por não termos conhecimento até a edição do presente livro, mas que se acham uniformizadas pelas orientações do DREI, através das instruções normativas por ele editadas, como regra determinada pelo artigo 4º da Lei nº 8.934/1994, em sua nova redação.

1. Inicialmente, acesse o *site* da JUCERJA, preencha o formulário de cadastro de usuário selecionando no *menu* principal a opção CADASTRAR e posteriormente envie-o para o *e-mail* informando o cadastro. Se já possuir cadastro ativo no *site* da JUCERJA, basta apenas efetuar seu *login*, selecionando no menu principal a opção CADASTRAR/ACESSAR, informar o *login* e senha e clicar em ENTRAR.

2. A seguir realize seu pedido de viabilidade acessando no menu principal a opção Serviços>REGIN>Serviços REGIN> Pedido de Viabi-

lidade, aguarde a análise da prefeitura, no prazo de dois dias úteis depois do dia em que o pedido foi realizado.

Acompanhe o andamento de seu pedido pelo *site* da JUCERJA e imprima seu relatório de viabilidade válido para trâmite na JUCERJA.

3. O pedido de viabilidade é para que se conheça a possibilidade de exercer a atividade econômica desejada no endereço pretendido, além disso, irá verificar a disponibilidade do nome empresarial desejado.

4. Realize a solicitação do CNPJ preenchendo o DBE (Documento Básico de Entrada) no *site* Coleta *Online* da Receita Federal. Após o preenchimento do DBE, guarde o seu número de recibo e o de identificação, aguardando a validação do CNPJ, depois acesse o *site* da Receita Federal e imprima o DBE.

5. Prosseguindo: gere o boleto para pagamento no *site* JUCERJA acessando no *menu* a opção Serviços>Guia Bancária>Gerar Boleto, para ter acesso ao Protocolo WEB.

Preencha os dados para geração de protocolo no *site* da JUCERJA acessando no menu Serviços>Protocolo WEB.

No processo digital, gerado o protocolo, se o processo for com assinatura digital, aguarde o resultado do seu julgamento para assinatura posterior.

No processo híbrido, sendo o processo sem assinatura digital, qualquer unidade JUCERJA selecionará na geração do protocolo para entrega da documentação do processo, no prazo de duas horas. (vide IN nº 38/2017 do DREI).

Para conseguir o seu Alvará de Funcionamento, após o registro da empresa, serão enviados automaticamente para a prefeitura conceder o alvará pelo REGIN. Para acompanhar o seu processo de alvará, basta acessando, no *menu* do *site* da JUCERJA, a opção Serviços>REGIN>-ServiçosREGIN>Acompanhamento de Alvará (conforme o número do processo da JUCERJA).

Certificado do Corpo de Bombeiros. Verifique no seu relatório da Viabilidade, se sua empresa foi enquadrada ou não no processo simplificado do Corpo de Bombeiros.

Processo Simplificado. No *site* do Corpo de Bombeiros, será possível verificar as exigências e informar que foram cumpridas, gerar sua taxa de emolumentos e imprimir seu certificado de aprovação após a confirmação bancária.

O Processo Simplificado estará disponível para seu protocolo até 60 (sessenta) dias após o registro da empresa na JUCERJA. Após a geração do boleto de pagamento, terá validade de 30 (trinta) dias. Caso um desses prazos seja perdido, será preciso solicitar uma Legalização de Inscrição nos Bombeiros, opção disponível no *site* da JUCERJA, em Serviços>REGIN>Serviços REGIN> Pedido de Viabilidade.

No Processo não Simplificado é necessário solicitar o laudo de exigências e posteriormente o Certificado de Aprovação. Na hipótese elaborar um projeto técnico ou um projeto de segurança contra incêndio e pânico, de acordo com as características do estabelecimento. Para obter mais informações acesse o site do Corpo de Bombeiros ou compareça à unidade do Corpo de Bombeiros mais próxima do estabelecimento.

Para Emissão/Atualizada da Inscrição Estadual, serão enviados automaticamente pela JUCERJA, para a SEFAZ-RJ, depois do processo FINALIZADO, via REGIN. Se as informações forem aceitas, a inscrição estadual será processada "durante a próxima madrugada".

Na hipótese de cumprimento de exigências esta se dará pela apresentação de novo documento, substituindo-se o instrumento errado, bem como a juntada de documentos e deverá, no *site* da JUCERJA, no protocolo WEB, fazer menção que está sendo cumprida a exigência, mudando seu *status* para "cumprimento de exigência", conseguindo assim dar entrada no referido pedido.

Em caso de dúvida, enviar e-mail para atendimentocadastro@fazenda.rj.gov.br.

Modelos de Atos Societários

Como nos livros anteriores que trataram de assuntos específicos do Registro Público de Empresas Mercantis, nesta oportunidade, passamos a oferecer alguns modelos de atos societários, sempre com a ressalva de serem meras sugestões, sem qualquer pretensão de estabelecer regras ou parâmetros.

REQUERIMENTO DE EMPRESÁRIO

NÚMERO DE IDENTIFICAÇÃO DO REGISTRO DE EMPRESA - NIRE DA SEDE	NIRE DA FILIAL (preencher somente se ato referente a filial)
NÚMERO DO CNPJ - SEDE	NÚMERO DO CNPJ - FILIAL

NOME DO EMPRESÁRIO (completo sem abreviaturas)

NACIONALIDADE	ESTADO CIVIL
SEXO M F	REGIME DE BENS (se casado)

FILIAÇÃO (Nome do pai)
(Nome da mãe)

NASCIDO EM (data de nascimento)	IDENTIDADE número Órgão emissor UF	CPF (número)

EMANCIPADO POR (forma de emancipação – somente no caso de menor)

DOMICILIADO NA (LOGRADOURO – rua, av, etc.)			NÚMERO
COMPLEMENTO	BAIRRO / DISTRITO	CEP	CÓDIGO DO MUNICÍPIO (Uso da Junta Comercial)
MUNICÍPIO	UF		

Declaro que a atividade se

ENQUADRA
REENQUADRA
DESENQUADRA

PORTE
MICROEMPRESA - ME
EMPRESA DE PEQUENO PORTE – EPP

nos termos da Lei Complementar nº 123, de 14 de dezembro de 2006.

Declaro, sob as penas da lei, inclusive que são verídicas todas as informações prestadas neste instrumento e quanto ao disposto no artigo 299 do Código Penal, não estar impedido de exercer atividade empresá- ria, não possuir outro registro de empresário e requer:

NOME DA JUNTA COMERCIAL

CÓDIGO E DESCRIÇÃO DO ATO	CÓDIGO E DESCRIÇÃO DO ATO
CÓDIGO E DESCRIÇÃO DO EVENTO	CÓDIGO E DESCRIÇÃO DO EVENTO

NOME EMPRESARIAL				
NOME FANTASIA				
LOGRADOURO (rua, av, etc.)			NÚMERO	
COMPLEMENTO	BAIRRO / DISTRITO	CEP		CÓDIGO DO MUNICÍPIO (Uso da Junta Comercial)
MUNICÍPIO		UF		PAÍS
CORREIO ELETRÔNICO (E-MAIL)				
VALOR DO CAPITAL / DESTAQUE DO CAPITAL SOCIAL (no caso de filial) R$				
VALOR DO CAPITAL / DESTAQUE DO CAPITAL (por extenso)				

CÓDIGO DE ATIVIDADE ECONÔMICA (CNAE) Atividade principal	DESCRIÇÃO DO OBJETO DA EMPRESA	DESCRIÇÃO DO OBJETO DO ESTABELECIMENTO (sede ou filial, conforme o caso)
Atividades secundárias		
DATA DE INÍCIO DAS ATIVIDADES	NÚME-RO DE INSCRI-ÇÃO NO CNPJ	TRANSFERÊNCIA DE SEDE OU DE FILIAL DE OUTRA UF UF NIRE anterior

USO DA JUNTA COMERCIAL DEPENDENTE DE AUTORIZAÇÃO GOVERNAMENTAL
1 - SIM
3 - NÃO

DATA DA ASSINATURA	ASSINATURA DO EMPRESÁRIO

SOCIEDADE LIMITADA - LTDA.

CONTRATO SOCIAL

Fulano de Tal....... (qualificação completa: nacionalidade, estado civil, profissão, nº úmero da carteira de identidade e CPF, endereço de residência com CEP, nomes dos pais, data e local do nascimento – cidade e Estado);

Beltrano de Tal .... (qualificação completa: nacionalidade, estado civil, profissão, nº úmero da carteira de identidade e CPF, endereço de residência com CEP, nomes dos pais, data e local do nascimento – cidade e Estado).

Resolvem, na melhor forma de direito, constituir uma sociedade limitada, que se regerá mediante as seguintes cláusulas e condições:

PRIMEIRA – A sociedade adota o nome empresarial ....Ltda., (opcional: que usará o nome fantasia de ....), com sede na ...., nº ...., ... (bairro), ... (cidade), ... (Estado), CEP ...., podendo a qualquer tempo abrir ou fechar filial ou outra dependência, mediante simples deliberação dos sócios.

SEGUNDA – A sociedade tem por objeto: (relacionar todas as atividades que vier a exercer)

Parágrafo único – (opcional) As atividades econômicas desenvolvidas pela sociedade têm a seguinte codificação:

....

....

TERCEIRA – A sociedade iniciará suas atividades a partir de seu registro e tem duração por tempo indeterminado.

QUARTA – O capital social é de R$ ....(....................) dividido em ....quotas de valor nominal de R$.............(..............), totalmente subscrito e integralizado em moeda corrente, neste ato, pelos contratantes, da seguinte forma:

Fulano de Tal: .... quotas, no valor de R$.............

Beltrano de Tal:......... quotas, no valor de R$.............

QUINTA – As quotas que compõem o capital social são indivisíveis e não poderão ser cedidas ou transferidas a terceiros sem o consentimento do(s) outro(s) sócio(s), a quem (ou aos quais) fica assegurado, em igualdade de condições e preço, o direito de preferência para a sua aquisição, se postas à venda.

SEXTA – A responsabilidade de cada um dos sócios é limitada a sua participação no capital social e todos respondem solidariamente pela parcela do capital não integralizada.

SÉTIMA – A administração da sociedade caberá ao(s) sócio(s) .... (e ....), com todos os poderes e atribuições necessários à administração e representação da sociedade, autorizado o uso do nome empresarial, individualmente (ou em conjunto), vedado, entretanto, fazê-lo em atividades estranhas ao interesse social ou assumir obrigações, seja em favor de qualquer dos sócios ou de terceiros, bem como onerar ou alienar bens da sociedade, sem a autorização de todos os sócios.

OITAVA – A sociedade está dispensada da realização de reuniões e/ou assembleias e de publicações, exceto no caso de exclusão por justa causa ou quando um ou mais sócios ponham em risco a continuidade da sociedade em virtude de atos de inegável gravidade. Nesse caso, deverá ser realizada reunião, com a convocação de todos os sócios, através de notificação extrajudicial ou outro meio que comprove o recebimento da convocação, com antecedência de 8 (oito) dias da reunião.

§ 1º A convocação será dispensada quando todos os sócios comparecerem ou declararem, por escrito, cientes do local, hora e ordem do dia.

§ 2º Torna-se dispensável a reunião quando todos os sócios decidirem, por escrito, sobre a matéria que seria objeto de deliberação.

§ 3º As decisões dos sócios serão tomadas por escrito, por deliberação da maioria do capital social.

NONA – O exercício social é de 12 (doze) meses, encerrando-se no dia 31 (trinta e um) de dezembro do ano-fiscal do exercício. O(s) administrador(es) elaborarão o relatório da administração, do balanço patrimonial e do balanço de resultado econômico, os quais deverão ser assinados pelo(s) administrador(es) e um contabilista habilitado e submetidos à aprovação dos sócios.

DÉCIMA – Nos 4 (quatro) meses seguintes ao término do exercício social, os sócios deliberarão sobre as contas do exercício anterior e designarão administrador(es), quando for o caso.

DÉCIMA PRIMEIRA – Os sócios poderão, de comum acordo, fixar uma retirada mensal, a título de Pró-Labore ou outra forma que aprovarem para o(s) sócio(s) administrador(es), observadas as disposições regulamentares pertinentes.

DÉCIMA SEGUNDA – No caso de falecimento ou interdição de qualquer dos sócios, a sociedade não se dissolverá, continuando suas atividades com o(s) sócio(s) remanescente(s).

§ 1º A critério do(s) sócio(s) remanescente(s), os sucessores do sócio falecido ou interditado poderão vir a compor a sociedade.

§ 2º Inexistindo interesse do(s) sócio(s) remanecentes ou dos sucessores no ingresso na sociedade, o valor dos haveres, proporcionais à participação do sócio falecido ou interditado será apurado em balanço especial, levantado com base na situação patrimonial da sociedade na data do evento, e posto à disposição dos sucessores ou curador do interditado, o qual é considerado, para todos os efeitos, um crédito contra a sociedade, a ser pago em dinheiro, ou outra forma que for estabelecida.

DÉCIMA TERCEIRA – Os sócios declaram, sob as penas da lei, que não estão impedidos de exercer o comércio ou a administração de sociedade mercantil, em virtude de lei especial ou de condenação criminal, cuja pena vede, ainda que temporariamente, o acesso a cargos públicos, bem como por crime falimentar, de prevaricação, peita ou suborno, concussão, peculato, ou contra a economia popular, contra o sistema financeiro nacional, contra normas de defesa da concorrência, contra as relações de consumo ou a propriedade.

DÉCIMA QUARTA – Fica eleito o foro da cidade de ...., Estado de ...., para o exercício e o cumprimento dos direitos e obrigações resultantes deste contrato.

.........................., ... de ....

....

....

Testemunhas:

Nome: ....

Cart. de Identidade: ....

CPF/MF: ....

Nome: ....

Cart. de Identidade: ....

CPF/MF......................

Assinatura do advogado: ....

EMPRESA INDIVIDUAL DE RESPONSABILIDADE LIMITADA (EIRELI)

CONTRATO SOCIAL

Fulano de Tal .... (qualificação completa com: nacionalidade, estado civil, profissão, n° úmero da carteira de identidade e CPF, endereço de residência com CEP, nomes dos pais, data e local do nascimento – cidade e Estado), resolve, na forma da Lei e de Direito, constituir uma Empresa Individual de Responsabilidade Limitada (EIRELI), que se regerá mediante as cláusulas e condições seguintes:

DENOMINAÇÃO SOCIAL

CLÁUSULA PRIMEIRA – A empresa atuará sob a seguinte denominação empresarial ....

Parágrafo único. É vedado o uso da denominação empresarial, direta ou indiretamente, em negócios estanhos ao objeto estabelecido neste contrato.

SEDE SOCIAL E FORO

CLÁUSULA SEGUNDA – A empresa terá sede social na rua ...., n° ...., ... (cidade), ... (Estado), CEP ...., e foro na Comarca da cidade de ....

Parágrafo único: A empresa poderá abrir, manter e/ou extinguir filiais, sucursais, agências, depósitos e/ou escritórios em qualquer localidade do território nacional ou do exterior, mediante deliberação de seu sócio, procedendo-se, para tanto, quando necessário, a alteração do seu ato constitutivo.

OBJETO SOCIAL

CLÁUSULA TERCEIRA – A empresa é organizada para exercer atividade econômica empresarial, tendo por objeto: .... (descrever a atividade e sua codificação).

PRAZO DE DURAÇÃO

CLÁUSULA QUARTA – A empresa iniciará suas atividades após sua regularização perante todos os órgãos públicos competentes e seu prazo de duração é indeterminado.

CAPITAL

CLÁUSULA QUINTA – O capital é de R$ .... (............), totalmente subscrito e integralizado neste ato, em moeda corrente do país, representado por uma quota de igual valor nominal.

ADMINISTRAÇÃO

CLÁUSULA SEXTA – A administração da empresa será exercida por seu titular, ..., tendo todos os poderes para atuar em nome da empresa, competindo-lhe:

a) apresentar a empresa em juízo ou fora dele, ativa ou passivamente, perante terceiros, quaisquer repartições públicas e autoridades federais, estaduais e/ou municipais, bem como autarquias, sociedades de economia mista e entidades paraestatais;

b) administrar, orientar e dirigir os negócios da empresa, podendo comprar, vender, permutar, alienar e/ou onerar, por qualquer forma, bens móveis, imóveis e direitos da empresa, determinando os respectivos preços, condições e termos para cada negócio;

c) assinar qualquer documento, mesmo quando importe em responsabilidade ou obrigação para a empresa, inclusive, escrituras, títulos de dívidas, cambiais, cheques, ordens de pagamento e outros;

d) vender, transferir, alienar ou onerar, por qualquer modo, participações societárias ou investimentos da empresa;

e) tomar empréstimos ou financiamentos, com ou sem garantia hipotecária, seja qual for o valor envolvido;

f) realizar qualquer operação ou contrato envolvendo locação, arrendamento mercantil, licenciamento de marcas e/ou patentes, representação comercial, prestação de serviços, pela ou em favor da empresa, dentre outros.

g) outorgar procurações em nome da empresa, caso em que deverão ter especificados os poderes conferidos, sendo certo que as procurações outorgadas, com exceção daquelas para fins judiciais, deverão ter seu prazo de validade fixado;

h) realizar investimentos ou adquirir participação em outra empresa de qualquer tipo, bem como celebrar os instrumentos necessários para que a empresa participe de empreendimentos, *joint ventures* ou associações, bem como em consórcios.

§ 1º O administrador desta empresa fica, desde já, expressamente dispensado de prestar qualquer espécie de caução ou garantia em favor da empresa para o exercício do cargo.

§ 2º São expressamente vedados, sendo nulos e inoperantes com relação à empresa, os atos praticados pelo titular, administradores, gerentes, procuradores ou funcionários que visem a envolvê-la em obrigações relativas a negócios ou operações estranhas ao seu objeto social, tais como fianças, avais, endossos ou qualquer outra garantia em favor de terceiros.

REMUNERAÇÃO

CLÁUSULA SÉTIMA – O titular da empresa, administrador ou não, terá direito a uma retirada mensal a título de "pró-labore", que será estipulada levando em conta a disponibilidade da empresa e as normas legais vigentes.

EXERCÍCIO E BALANÇO

CLÁUSULA OITAVA – O exercício social da empresa coincidirá sempre com o ano civil, iniciando-se com a sua regularização perante os órgãos públicos competentes, sendo certo que, nos demais exercícios, terá início em 1º de janeiro e terminará em 31 (trinta e um) de dezembro e que, tanto no que concerne ao presente exercício quanto aos demais, ao fim de cada exercício será elaborado o Balanço Patrimonial e Demonstração de Resultados Econômicos do exercício correspondente, sem prejuízo de outras demonstrações financeiras e/ou contábeis e/ou fiscais exigíveis por lei e/ou pelo seu titular.

LUCROS E PREJUÍZOS DA EMPRESA

CLÁUSULA NONA – Os lucros ou prejuízos da empresa poderão ser apurados em balancetes e/ou demonstrações contábeis que atendam à legislação vigente, em periodicidade anual, mensal, trimestral e/ou semestral, facultada a constituição de reservas de lucros, mesmo em período extraordinário, nos termos da legislação.

Parágrafo único. Do lucro bruto serão abatidas as quotas de amortizações, deduções e provisões determinadas em lei, sendo que o lucro líquido verificado em cada balanço terá a destinação que for deliberada pelo titular.

MORTE, INTERDIÇÃO E/OU INSOLVÊNCIA OU FALÊNCIA DO TITULAR

CLÁUSULA DÉCIMA – A morte, interdição superveniente, insolvência ou falência do titular desta empresa não implicará sua dissolução automática, poderá prosseguir desde que respeitados os termos e condições do(s) instrumento(s) de franquia por ventura firmado(s), a menos que o franqueador resolva pela dissolução e liquidação da empresa.

DECLARAÇÃO DE DESIMPEDIMENTO

CLÁUSULA DÉCIMA PRIMEIRA – O titular declara, sob as penas da lei, que não está impedido de exercer o comércio ou a administração de sociedade mercantil, em virtude de lei especial ou a condenação criminal, cuja pena vede, ainda que temporariamente, o acesso a cargos públicos, bem como por crime falimentar, de prevaricação, peita ou suborno, concussão, peculato ou contra a economia popular, contra o sistema financeiro nacional, contra normas de defesa da concorrência, contra as relações de consumo ou a propriedade.

FORO

CLÁUSULA DÉCIMA SEGUNDA – Para todas as questões oriundas deste contrato, fica eleito o foro da Comarca de .... (cidade), com exclusão de qualquer outro por mais privilegiado que seja ou venha a ser.

DISPOSIÇÕES FINAIS

CLÁUSULA DÉCIMA TERCEIRA – O titular declara não participar de outra EMPRESA INDIVIDUAL DE RESPONSABILIDADE LIMITA-

DA (EIRELI), seja neste Estado ou em qualquer outro do País.

CLÁUSULA DÉCIMA QUARTA – Os casos omissos ou não expressamente previstos deste instrumento serão regidos, supletivamente pelas disposições da Lei nº 10.406, de 10 de janeiro de 2002 (ou pela Lei nº 6.404/1976).

.........................., ... de .... de ....

....

SOCIEDADE LIMITADA UNIPESSOAL

CONTRATO SOCIAL

Fulano de Tal .... (qualificação completa com: nacionalidade, estado civil, profissão, nº da carteira de identidade e CPF, endereço de residência com CEP, nomes dos pais, data e local do nascimento-cidade e Estado), resolve, na forma da lei e de direito, constituir uma Sociedade Limitada Unipessoal, que se regerá mediante as cláusulas e condições seguintes:

I – DENOMINAÇÃO, SEDE E PRAZO

A sociedade denominar-se-á ...., com sede na rua ...., nº ...... (complemento, se for o caso), CEP ...., na cidade de ...., com duração por tempo indeterminado, podendo instalar filiais, escritórios ou dependências em qualquer parte do território nacional.

II – OBJETO

A sociedade terá por objeto .... (especificar todos os que vai exercer)

III – CAPITAL

O capital social será de R$............ (............), dividido em .... (.........) quotas no valor de R$1,00 (hum real) cada uma, totalmente subscrito e integralizado em moeda corrente do país, neste ato, pelo sócio .... (nome completo).

IV – RESPONSABILIDADE

A responsabilidade do sócio é restrita ao valor de suas quotas de capital, respondendo pela integralização do capital social.

V – ADMINISTRAÇÃO

A administração da sociedade será exercida pelo sócio ...., com os poderes de administrador, que representará a sociedade ativa e passivamente, em juízo ou fora dele, assinando todos os papéis da sociedade.

Parágrafo único. Fica vedado ao sócio usar o nome da sociedade em negócios estranhos aos interesses sociais, tais como avais, endossos, fianças, bem como qualquer outro documento em benefício ou garantia de terceiros, respondendo pessoal e individualmente, se infringir a presente cláusula.

VI – PRÓ-LABORE

A título de pró-labore, retirará o sócio administrador importância mensal e que será levada a débito da conta de despesas gerais da sociedade.

VII – BALANÇO

Em 31 de dezembro de cada ano, o administrador prestará contas justificadas de sua administração, procedendo à elaboração do inventário, do balanço patrimonial e do balanço de resultado econômico, cabendo a ele os lucros ou prejuízos apurados.

Parágrafo único. Nos quatro meses seguintes ao término do exercício, o sócio deliberará sobre as contas da sociedade.

VIII – RETIRADA, INTERDIÇÃO OU FALECIMENTO

Nos casos de retirada, interdição ou falecimento do sócio, será levantado um balanço especial, no prazo de 30 (trinta) dias contados da data do evento, para que se proceda à apuração de seus haveres, sendo o pagamento aos seus herdeiros, sucessores ou a quem de direito feito em (.....) parcelas mensais e sucessivas, acrescidas dos juros de 1% (um por cento) ao mês e .... (outras condições), vencendo-se a primeira parcela 30 (trinta) dias após a data do balanço especial levantado.

Parágrafo único. Poderá ser estipulada outra modalidade de pagamento, desde que haja o comum acordo entre as partes interessadas.

IX – DÚVIDAS OU CONTESTAÇÕES

As dúvidas ou contestações que vierem a surgir serão solucionadas por árbitros nomeados para tal fim.

X – LIQUIDAÇÃO

A sociedade entrará em liquidação por vontade expressa dos sócios ou por decisão judicial.

XI – FORO

Fica eleito o foro da Comarca da cidade de ...., para solucionar as questões da sociedade.

XII – DESIMPEDIMENTO

O sócio declara não estar incurso em nenhum dos crimes que o impeça do exercício da atividade da sociedade.

XIII – CLÁUSULAS ESPECIAIS (se for o caso, como responsabilidade técnica, etc.)

XIV – DISPOSIÇÕES GERAIS

A presente sociedade é constituída na forma do artigo .....do Código Civil e o presente contrato social se regerá pelas normas e disposições contidas na Lei nº 10.406, de 10 de janeiro de 2002, e legislação complementar vigente aplicável à matéria.

E, assim, assina o presente instrumento em 1 (uma) via, para que produza seus legais e devidos efeitos.

........................., ... de .... de ....

....

SOCIEDADE DE PROPÓSITO ESPECÍFICO

CONTRATO SOCIAL

Fulano de Tal .... (qualificação completa com: nacionalidade, estado civil, profissão, número da carteira de identidade e CPF, endereço de residência com CEP, nomes dos pais, data e local do nascimento – cidade e Estado);

Beltrano de Tal .... (qualificação completa com: nacionalidade, estado civil, profissão, número da carteira de identidade e CPF, endereço de residência com CEP, nomes dos pais, data e local do nascimento – cidade e Estado).

De comum acordo, resolvem constituir uma sociedade empresária limitada sob a denominação de "............................ LTDA.", que se regerá pelas cláusulas e condições seguintes, que reciprocamente estipulam e aceitam:

1 – DENOMINAÇÃO, SEDE, DURAÇÃO E INÍCIO E ATIVIDADE:

A sociedade denomina-se "...............", com sede na rua ...., nº ...., ... (cidade), ... (Estado), CEP ...., iniciando suas atividades na data do registro deste contrato social e encerrando-se em ...., entrando em liquidação logo após a referida data e usando o nome fantasia de "..........".

2 – OBJETIVO SOCIAL:

O objeto da sociedade será única e exclusivamente ...., bem como ....

3 – CAPITAL SOCIAL E SUA DISTRIBUIÇÃO

O capital social será de R$ .... (............), dividido em .... quotas no valor nominal de R$ .... (..........) cada uma, subscritas e integralizadas neste ato em moeda corrente do País e distribuído entre os sócios da seguinte maneira:

Fulano de tal .... quotas R$................... ....%

Beltrano de tal .... quotas R$................... ....%

Total .... quotas R$................... ....%

Parágrafo único: A responsabilidade de cada sócio é restrita ao valor de suas quotas, mas ambos respondem solidariamente pela integralização do capital social.

4 – ADMINISTRAÇÃO E USO DA DENOMINAÇÃO SOCIAL

Nos termos do art. 1.061 da Lei nº 10.406/2002, deliberam os sócios que a administração da sociedade caberá a sócio e não sócio, abaixo qualificados:

Sócio: .... (qualificar)

Não sócio: .... (qualificar)

§ 1º Os administradores terão poderes e atribuições, seja judiciais ou extrajudiciais, para gestão de todos os negócios sociais, autorizados ao uso do nome empresarial, com amplos poderes de administração e disposição de bens móveis e imóveis da sociedade, inclusive alienação ou oneração, sob qualquer forma, assinando em conjunto ou isoladamente.

§ 2º É expressamente vedado aos administradores o uso do nome da sociedade em operações estranhas a ela, tais como avais, fianças, endossos e outros semelhantes, necessitando para tanto do aval de todos os sócios.

§ 3º No exercício da administração, os administradores terão direito a uma retirada mensal, a título de pró-labore, cujo valor será definido de comum acordo entre os sócios.

5 – EXERCÍCIO FINANCEIRO, LUCROS E PREJUÍZOS

Ao término de cada exercício social, em 31 de dezembro, ou a cada trimestre do período-base não encerrado (art. 48 da IN SRF nº 93/1997 e ADN Cosit nº 4/1996, os administradores prestarão contas justificadas da sua administração, procedendo à elaboração do inventário, do balanço patrimonial e do balanço de resultado econômico, sendo os lucros e perdas apuradas distribuídos a cada sócio na proporção de suas quotas, se de outra forma não decidirem.

Parágrafo único. Nos quatro meses seguintes ao término do exercício social ou a cada período-base, os sócios deliberarão sobre as contas e designarão o(s) administrador(es), quando for o caso.

6 – *CAUSA MORTIS OU IMPEDIMENTO LEGAL:*

O falecimento de qualquer dos sócios não dissolverá a sociedade, que continuará com o(s) sócio(s) remanescente(s), observadas as regras seguintes:

a) ocorrendo o falecimento de sócio, levantar-se-á balanço especial na data do óbito;

b) o valor do reembolso será determinado pela divisão do ativo líquido reavaliado da sociedade, pelo número de quotas do capital social;

c) o pagamento dos haveres do sócio que falecer a seus herdeiros ou sucessores far-se-á em 12 (doze) prestações mensais e consecutivas, acrescidas de juros, conforme legislação, vencendo-se a primeira 30 dias após a apresentação do documento hábil.

d) o não pagamento das prestações do principal e juros, nas épocas devidas, dará aos herdeiros ou sucessores o direito de considerar desde logo vencida e exigível a totalidade da dívida.

e) até que se ultime o inventário a partilha dos bens deixados pelo *de cujus*, incumbirá ao inventariante, para todos os efeitos legais, a representação ativa e passiva dos interessados perante a sociedade.

f) o cônjuge supérstite ou os herdeiros necessários somente poderão adquirir as quotas do *de cujus* com a aceitação dos sócio(s) remanescente(s), dentro do prazo de 60 (sessenta) dias, e proceder-se-á segundo o estabelecido nas letras anteriores.

g) caberá à sociedade, no prazo de 230 (trinta) dias, dar conhecimento dos ditames estabelecidos nessa cláusula aos herdeiros necessários conhecidos.

Parágrafo único. O mesmo procedimento será adotado em outros casos em que a sociedade se resolva em relação a seus sócios.

7 – ALIENAÇÃO DE QUOTAS

As quotas são indivisíveis e não poderão ser cedidas ou transferidas a terceiros, sem o consentimento do(s) outro(s) sócio(s), a quem fica assegurado, em igualdade de condições e preço, por 30 dias o direito de preferência para sua aquisição se posta à venda, formalizando, se realizada a cessão delas, a alteração contratual pertinente.

8 – EXCLUSÃO DE SÓCIO(S)

É reconhecido ao(s) sócio(s) que represente(m) a maioria do capital social, o direito de promover, mediante alteração contratual, a exclusão do sócio culpado de grave violação dos deveres associativos. Para efeito deste artigo, considera-se grave violação dos deveres associativos:

a) abuso, prevaricação, incontinência de conduta;

b) concorrência desleal à sociedade;

c) infração ou falta do exato cumprimento dos deveres;

d) fuga ou ausência prolongada, sem motivo justificado;

e) Declaração de falência, recuperação judicial ou instalação de concurso de credores.

§ 1º A exclusão somente poderá ser determinada em reunião especialmente convocada para este fim, ciente o acusado em tempo hábil para permitir seu comparecimento e o exercício do direito de defesa.

§ 2º A retirada, exclusão ou morte do sócio não o exime, ou a seus herdeiros, das responsabilidades pelas obrigações sociais anteriores, até dois anos depois de registrada a resolução da sociedade.

§ 1º Os valores do sócio excluído serão apurados de conformidade com o balanço levantado para tal fim, e o pagamento far-se-á de acordo como disposto na letra "c" da cláusula sexta.

9 – NATUREZA JURÍDICA E OBJETIVOS SOCIAIS

A sociedade poderá transformar-se em outro tipo de sociedade, alterar seu objetivo social, aumentar seu capital ou associar-se a outra(s) empresa(s), de acordo com a Lei nº 10.406, de 10 de janeiro de 2002.

10 – FILIAIS E OUTRAS DEPENDÊNCIAS

A sociedade poderá, a qualquer tempo, abrir ou fechar: filiais, agências, sucursais e/ou escritórios em todo o território nacional, bem como no exterior, mediante alteração contratual assinada pelos sócios.

11 – DISSOLUÇÃO E LIQUIDAÇÃO DA SOCIEDADE

Considerar-se-á dissolvida a sociedade, além dos casos expressamente previstos nos arts. 1.033 e 1.035 do Código Civil, nas seguintes hipóteses:

a) falência;

b) impossibilidade de consecução do objetivo social ou comprovação de impossibilidade de seu funcionamento.

12 – DISPOSIÇÕES TRANSITÓRIAS E FINAIS

a) os casos omissos neste contrato serão sanados em conformidade com a Lei n º 10.406, de 10 de janeiro de 2002, na parte reguladora das sociedades limitadas;

b) os administradores declaram, sob as penas da lei, que não estão impedidos de exercer o comércio ou a administração de sociedade mercantil, em virtude de lei especial ou a condenação criminal, cuja pena vede, ainda que temporariamente, o acesso a cargos públicos, bem como por crime falimentar, de prevaricação, peita ou suborno, concussão, peculato ou contra a economia popular, contra o sistema financeiro nacional, contra normas de defesa da concorrência, contra as relações de consumo ou a propriedade;

c) os documentos da sociedade só terão valor legal com as assinaturas autorizadas na forma deste contrato;

d) fica eleito o foro da Comarca de .... para dirimir possíveis dúvidas oriundas deste instrumento, com renúncia expressa de qualquer outro, por mais privilegiado que seja;

e) as questões suscitadas na vigência da sociedade e sobre as quais não haja acordo entre os sócios serão resolvidas de acordo com a legislação civil aplicável à espécie societária a cujas decisões os sócios se obrigam a se submeter.

f) Os sócios declaram que não estão inclusos em nenhum dos crimes previstos em lei, que os impeçam de exercer atividades mercantis.

E por estarem plenamente de acordo com os termos do presente Contrato Social, os contratantes o assinam, em uma única via, juntamente com as testemunhas e todos os presentes, para seus devidos e legais efeitos.

.................., ... de .... de ....

....

....

Administradores não sócios (se for o caso)

....

....

Assinatura do advogado

Testemunhas:

Nome:........................   Nome: ....

Cart. Identidade: ....   Cart. Identidade: ....

CPF/MF:.............................   CPF/MF:...........................

SOCIEDADE ANÔNIMA (S.A.)

ATA DE ASSEMBLEIA GERAL DE CONSTITUIÇÃO
da .................................S.A.

1. <u>Data, hora e local</u>: Aos ....(........) dias do mês de .... de ...., às .... horas, na Rua ...., na cidade de ...., Estado de/o/a ....

2. Presença: A totalidade dos subscritores do capital social inicial da Companhia em organização, devidamente qualificados no Boletim de Subscrição, que constitui o documento nº 02, parte da ata a que se refere esta Assembleia de Constituição, a saber: ...., ...

3. Mesa: Presidente: ....

   Secretário: ....

4. Convocação: Dispensada a convocação prévia consoante o disposto no § 4º do art. 124 da Lei n.º 6.404/76.

5. Deliberações:

   5.1. Aprovar a constituição de uma sociedade anônima sob a denominação de ..............................S.A., com sede e foro na ...., na cidade de..................., Estado do ....

   5.2. Aprovar o capital social inicial de R$ ....(.................... ....), representado por ...... (...................) ações ordinárias nominativas, sem valor nominal, ao preço de emissão de R$ 1,00 (um real) cada uma, totalmente subscritas neste ato. O capital está integralizado em 10% (dez por cento), tendo sido constatada a realização em dinheiro, de R$ ....(......) depositados em conta vinculada no Banco Brasil S.A., nos termos dos arts. 80, III e 81 da Lei n.º 6404/76, tudo de acordo com o Boletim de Subscrição e o Recibo de Depósito que constituem os documentos n.ºs 02 e 04 anexos à Ata a que se refere esta Assembleia de Constituição. O saldo restante de R$ .... (........................) será integralizado em moeda corrente do país em até .... dias.

   5.3. Aprovar o Estatuto Social da Companhia, cuja redação consolidada constitui o documento nº 03 anexo à Ata a que se refere esta Assembleia de Constituição, dando-se assim por efetivamente constituída a sociedade .... S.A. em razão do cumprimento de todas as formalidades legais.

   5.4. Eleger o Sr. .... (qualificação completa), para o cargo de Diretor-Presidente, e o Sr. .... (qualificação completa) para o cargo de Diretor sem designação específica, ambos com mandato de .... (....)anos, os quais declaram não estar incursos em nenhum dos crimes previstos em lei que os impeçam de exercer atividade mercantil, e ato contínuo tomaram posse mediante termo lavrado e arquivado na sede da Companhia, que constitui o documento nº 01 anexo à Ata.

5.5. Fixar a remuneração global anual dos membros da Diretoria em até R$ .... (........................).

5.6. Autorizar a lavratura da ata a que se refere esta Assembleia na forma sumária, nos termos do art. 130, § 1º da Lei n.º 6.404/76.

6. Encerramento: Nada mais havendo a tratar, lavrou-se a ata a que se refere esta Assembleia, que foi aprovada pela unanimidade dos subscritores do capital social da Companhia, presentes a este ato.

Confere com o original lavrado em livro próprio.

........................., ... de .... de ....

....
PRESIDENTE   SECRETÁRIO

Assinatura dos acionistas subscritores:

Assinatura do advogado:

ANEXO I
TERMO DE POSSE

Neste ato, os Srs. ....(qualificação completa dos diretores, inclusive filiação, data do nascimento e residencia), declaram não estar incursos em crime que os impeça de exercer atividade mercantil ou em qualquer outro impedimento legal, e tomam posse dos cargos de Diretor-Presidente e Diretor sem designação específica da empresa .... S.A., respectivamente, para os quais foram eleitos na Assembleia Geral de Constituição realizada em ..... de .... de ...., com todos os poderes, direitos e obrigações que lhes são atribuídos pelas leis e pelo Estatuto Social da Companhia.

........................., ... de ..... de .....

....
Diretor Presidente

....
Diretor

ANEXO II
Boletim de Subscrição

	Ações Subscritas	Ações Integralizadas	A Integralizar
ACIONISTA (qualificação completa, inclusive filiação e data de nascimento)	.... R$	.... R$	.... R$ ....
ACIONISTA (qualificação completa, inclusive filiação e data de nascimento)	.... R$	.... R$	.... R$ ....
TOTAL:	.... R$	.... R$	.... R$ ....

<u>Forma e prazo de integralização</u>: R$ ....(............) integralizados neste ato, em moeda corrente do país. O saldo de R$ ....(............) será integralizado em moeda corrente do país em até .... dias.

................, ... de .... de ....

....
presidente   secretário

ANEXO III

Estatuto Social

.... S.A.

CAPÍTULO I
DA DENOMINAÇÃO, SEDE, FORO, PRAZO DE DURAÇÃO E OBJETO

Art. 1º A .... S.A. é uma sociedade anônima que se regerá pelas leis e usos do comércio, por este Estatuto Social, pela Lei 6404/76 e pelas disposições legais aplicáveis.

Art. 2º A Companhia tem por objeto .... e a aplicação de capital próprio em outras sociedades e administração de outras empresas.

Art. 3º A Companhia tem sede e foro na cidade de ...., Estado do ...., na ...., podendo por deliberação da Diretoria, criar e extinguir filiais, sucursais, agências, depósitos e escritórios em qualquer parte do território nacional ou no exterior.

Art. 4º O prazo de duração da sociedade será indeterminado.

CAPÍTULO II
DO CAPITAL SOCIAL E AÇÕES

Art. 5º O capital social da Companhia é de R$ ....(....................), dividido em .... (................................) ações ordinárias todas nominativas e sem valor nominal.

§ 1º Todas as ações da Companhia serão nominativas, facultada adoção da forma escritural, em conta corrente de depósito mantida em nome de seus titulares, em instituição financeira indicada pela Diretoria, podendo ser cobrada dos acionistas a remuneração de que trata o § 3º do art. 35 da Lei n.º 6.404/76.

§ 2º A cada ação ordinária corresponde um voto nas Assembleias Gerais.

§ 3º A capitalização de lucros ou de reservas será obrigatoriamente efetivada sem modificação do número de ações. O grupamento e o desdobramento de ações são também expressamente proibidos, exceto se previamente aprovado em Assembleia Especial, por acionistas, representando a maioria das ações ordinárias.

§ 4º Poderão ser emitidas sem direito de preferência para os antigos acionistas, ações, debêntures ou partes beneficiárias conversíveis em ações e bônus de subscrição cuja colocação seja feita por uma das formas previstas no art. 172 da Lei n.º 6.404/76, desde que a eliminação do direito de preferência seja previamente aprovada em assembleia especial, por acionistas, representando a maioria das ações ordinárias.

§ 5º A alteração deste Estatuto Social na parte que regula a diversidade de espécies e/ou classes de ações não requererá a concordância de todos os titulares das ações atingidas, sendo suficiente a aprovação de acionistas que representem a maioria tanto do conjunto das ações com direito a voto quanto das ações de cada espécie ou classe de ações.

§ 6º A emissão de debêntures conversíveis, bônus de subscrição, outros títulos ou valores mobiliários conversíveis em ações e partes beneficiárias, estas conversíveis ou não, bem como a outorga de opção de compra de ações dependerá da prévia aprovação de acionistas representando a maioria das ações de cada espécie ou classe de ações.

Art. 6º Os certificados representativos das ações serão sempre assinados por dois Diretores ou mandatários com poderes especiais, podendo a Companhia emitir títulos múltiplos ou cautelas.

Parágrafo único. Nas substituições de certificados, bem como na expedição de segunda via de certificados de ações nominativas, será cobrada uma taxa relativa aos custos incorridos.

Art. 7º O montante a ser pago pela Companhia a título de reembolso pelas ações detidas por acionistas que tenham exercido direito de retirada, nos casos autorizados por lei, deverá corresponder ao valor econômico de tais ações, a ser apurado de acordo com o procedimento de avaliação aceita pela Lei n.º 9.457/97, sempre que tal valor for inferior ao valor patrimonial apurado de acordo com o art. 45 da Lei n.º 6.404/76.

CAPÍTULO III
DA ADMINISTRAÇÃO

Art. 8º A companhia será administrada por uma Diretoria composta por no mínimo dois e no máximo cinco Diretores, sendo um Diretor-Presidente e os demais Diretores sem designação específica, residentes no país, acionistas ou não, eleitos e destituíveis pela Assembleia Geral, observado o disposto neste Estatuto.

§ 1º O mandato da Diretoria será de 2 (dois) anos, permitida sua reeleição, sendo o mandato prorrogado, automaticamente, até a eleição e posse dos respectivos substitutos.

§ 2º A investidura dos Diretores far-se-á mediante termo lavrado no livro de "Atas das Reuniões da Diretoria". Os Diretores reeleitos serão investidos nos seus cargos pela própria Assembleia Geral, dispensadas quaisquer outras formalidades.

§ 3º Em caso de vaga, será convocada a Assembleia Geral para eleição do respectivo substituto, que completará o mandato do Diretor substituído.

§ 4º Em suas ausências ou impedimentos eventuais, os Diretores serão substituídos por mandatários da companhia que vierem a constituir, em que serão especificados nos atos ou operações o que poderão praticar, e a duração do mandato, sendo que no caso de mandato judicial, poderá esse ser por prazo indeterminado.

§ 5º Compete à Diretoria conceder licença aos Diretores, sendo que esta não poderá exceder a 30 (trinta) dias, quando remunerada.

§ 6º A remuneração dos Diretores será fixada pela Assembleia Geral, em montante global ou individual, ficando os Diretores dispensados de prestar caução em garantia de sua gestão.

Art. 9º A Diretoria, representada pelo Diretor-Presidente, terá plenos poderes de administração e gestão dos negócios sociais, para a prática de todos os atos e realização de todas as operações que se relacionarem com o objeto social, observado o disposto neste Estatuto, e o diretor sem designação específica, na ausência do Diretor- Presidente, passará a ter as mesmas atribuições.

§ 1º Além das demais matérias submetidas a sua apreciação por este Estatuto, compete à Diretoria, reunida em colegiado:

a) fixar a orientação geral dos negócios da Companhia;

b) fiscalizar a gestão dos Diretores, examinar, a qualquer tempo, os livros e papéis da Companhia, solicitar informações sobre contratos celebrados ou em vias de celebração, e quaisquer outros atos;

c) manifestar-se previamente sobre os relatórios, contas e orçamentos e propostas elaboradas pelos Diretores para apresentação à Assembleia Geral; e

d) distribuir a remuneração mensal que for fixada, entre os membros da Diretoria, a verba global dos Diretores, fixada em Assembleia Geral.

§ 2º A Diretoria reunir-se-á preferencialmente na Sede Social, sempre que convier aos interesses sociais, por convocação escrita, com indicação circunstanciada da ordem do dia, subscrita pelo Diretor-Presidente, com antecedência mínima de 3 (três) dias, exceto se a convocação e/ou o prazo forem renunciados, por escrito, por todos os Diretores.

§ 3º A Diretoria somente se reunirá com a presença de, no mínimo, 2 (dois) Diretores, considerando-se presente o Diretor que enviar voto escrito sobre as matérias objeto da ordem do dia.

§ 4º As decisões da Diretoria serão tomadas pelo voto favorável da maioria de seus membros presentes à reunião.

§ 5º As reuniões da Diretoria serão objeto de atas circunstanciadas, lavradas em livro próprio.

Art. 10. Os Diretores terão a representação ativa e passiva da Companhia, incumbindo-lhes executar e fazer executar, dentro das respectivas atribuições, as deliberações tomadas pela Diretoria e pela Assembleia Geral, nos limites estabelecidos pelo presente Estatuto.

Art. 11. A Companhia somente poderá assumir obrigações, renunciar a direitos, transigir, dar quitação, alienar ou onerar bens do ativo permanente, bem como emitir, garantir ou endossar cheques ou títulos de crédito, mediante instrumento assinado pelo Diretor-Presidente, isoladamente, por 2 (dois) Diretores, em conjunto, por 1 (um) Diretor e 1 (um) mandatário ou, ainda, por 2 (dois) mandatários, constituídos especialmente para tal, observado quanto à nomeação de mandatários o disposto no § 1º deste artigo.

§ 1º Os instrumentos de mandato outorgados pela Companhia serão sempre assinados pelo Diretor-Presidente, isoladamente, ou por 2 (dois) Diretores, devendo especificar os poderes concedidos e terão prazo certo de duração, limitado a um ano, exceto no caso de mandato judicial, que poderá ser por prazo indeterminado.

§ 2º Excepcionalmente, a Companhia poderá ser representada nos atos a que se refere o *caput* deste artigo mediante a assinatura isolada de um Diretor ou de um mandatário, desde que haja, em cada caso específico, autorização expressa da Diretoria.

CAPÍTULO IV
ASSEMBLEIA GERAL

Art. 12. A Assembleia Geral reunir-se-á, ordinariamente, dentro dos 4 (quatro) meses subsequentes ao término do exercício social para fins previstos em lei e, extraordinariamente, sempre que os interesses sociais assim o exigirem.

§ 1º A Assembleia Geral poderá ser convocada, na forma da lei, por quaisquer 2 (dois) Diretores e será presidida pelo Diretor-Presidente, que designará um acionista presente ou mais secretário(s).

§ 2º As deliberações da Assembleia Geral, ressalvadas as exceções previstas em lei e neste Estatuto, serão tomadas por maioria de votos, não se computando os votos em branco.

§ 3º Os acionistas poderão ser representados nas Assembleias Gerais por mandatários nomeados na forma do § 1º do art. 126 da Lei n.º 6.404/76, devendo os respectivos instrumentos de mandato serem depositados, na sede social, com 3 (três) dias de antecedência da data marcada para realização da Assembleia Geral.

CAPÍTULO V
CONSELHO FISCAL

Art. 13. O Conselho Fiscal da Companhia, que não terá caráter permanente, somente será instalado quando por solicitação dos acionistas na forma da lei, e será composto por 3 (três) membros efetivos e 3 (três) membros suplentes, acionistas ou não, eleitos pela Assembleia Geral em que for requerido o seu funcionamento.

§ 1º Os membros do Conselho Fiscal, quando em exercício, terão direito a remuneração a ser fixada pela Assembleia Geral que os eleger.

§ 2º As deliberações do Conselho Fiscal serão tomadas por maioria de votos e lançadas no livro próprio.

CAPÍTULO VI
EXERCÍCIO SOCIAL E LUCROS

Art. 14. O exercício social terminará no dia 31 de dezembro de cada ano. Ao fim de cada exercício, a Diretoria fará elaborar, com base na escrituração mercantil, as demonstrações financeiras previstas em lei, observadas as normas então vigentes, as quais compreenderão a proposta de destinação do lucro do exercício.

Capítulo IV – Procedimentos na Prática

Art. 15. Do resultado apurado no exercício, após a dedução dos prejuízos acumulados, se houver, 5% (cinco por cento) serão aplicados na constituição da reserva legal, a qual não excederá o importe de 20% (vinte por cento) do capital social. Do saldo, ajustado na forma do art. 202 da Lei n.º 6.404/76, se existente, 25% (vinte e cinco por cento) serão atribuídos ao pagamento do dividendo mínimo obrigatório.

§ 1º Atribuir-se-á à reserva para investimentos, que não excederá a 80% (oitenta por cento) do capital social subscrito, importância não inferior a 5% (cinco por cento) e não superior a 75% (setenta e cinco por cento) do lucro líquido do exercício, ajustado na forma do art. 202 da Lei n.º 6.404/76, com a finalidade de financiar a expansão das atividades da Companhia e/ou de suas empresas controladas e coligadas, inclusive através da subscrição de aumentos de capital, ou a criação de novos empreendimentos.

§ 2º O saldo do lucro líquido ajustado, se houver, terá a destinação que lhe for atribuída pela Assembleia Geral.

Art. 16. Os dividendos atribuídos aos acionistas serão pagos nos prazos da lei, somente incidindo correção monetária e/ou juros se assim for determinado pela Assembleia Geral e, se não reclamados dentro de 3 (três) anos contados da publicação do ato que autorizou sua distribuição, prescreverão em favor da Companhia.

Art. 17. A Companhia poderá levantar balanços semestrais, ou em períodos menores, e declarar, por deliberação da Assembleia Geral, dividendos à conta de lucros apurados nesses balanços, por conta do total a ser distribuído ao término do respectivo exercício social, observadas as limitações previstas em lei.

§ 1º Ainda por deliberação da Assembleia Geral, poderão ser declarados dividendos intermediários, à sua conta de lucros acumulados ou de reservas de lucros existentes no último balanço levantado, inclusive à conta da reserva para investimentos a que se refere o § 1º do art. 16.

§ 2º Também, mediante decisão da Assembleia Geral, os dividendos ou dividendos intermediários poderão ser pagos a título de juros sobre o capital social.

§ 3º Dividendos intermediários deverão sempre ser creditados e considerados como antecipação do dividendo obrigatório.

CAPÍTULO VII
LIQUIDAÇÃO

Art. 18. A Companhia somente será dissolvida e entrará em liquidação por deliberação da Assembleia Geral ou nos demais casos previstos em lei.

§ 1º À Assembleia Geral que deliberar sobre a liquidação caberá nomear o respectivo liquidante e fixar-lhe a remuneração.

§ 2º A Assembleia Geral, se assim solicitarem acionistas que representem o número fixado em lei, elegerá o Conselho Fiscal, para o período da liquidação.

.............................., ... de ....de ....

_____   _____
Presidente   Secretário

Assinatura do advogado

SOCIEDADE COOPERATIVA

ATA DA ASSEMBLEIA GERAL DE CONSTITUIÇÃO DA COOPERATIVA LTDA.

Aos .... dias do mês de .... de ...., às .... horas, reuniram-se com o propósito de constituir uma sociedade cooperativa nos termos da Lei nº 5.764/71, as seguintes pessoas:

1. Sr. ...., brasileiro, (estado civil), (profissão), (CPF e identidade), (filiação e data do nascimento), residente na rua.... (endereço completo), que subscreverá ... (.....) quota-parte
2. Sr. ...., brasileiro, (estado civil), (profissão), (CPF e identidade), (filiação e data do nascimento), residente na rua.... (endereço completo), que subscreverá .... (....) quota-parte
3. Sr. ...., brasileiro, (estado civil), (profissão), (CPF e identidade), (filiação e data do nascimento), residente na rua.... (endereço completo), que subscreverá ... (....) quota-parte

(listar o nome de todos os cooperados fundadores)

Foi aclamado para coordenar os trabalhos o Sr....... (nome), que nomeou a mim, ... (nome), para secretariar os trabalhos e elaborar a presente ata, tendo ainda participado da mesa os senhores ...... (incluir os nomes). Após os debates, ficou definido o teor do Estatuto Social da Cooperativa, em anexo à presente ata, da qual é parte integrante, sendo o mesmo aprovado por unanimidade pelo voto dos cooperados fundadores, cujos nomes estão devidamente consignados nesta ata.

A seguir, foram eleitos, para um mandato de .... (......) anos, os seguintes componentes dos Conselhos, todos já devidamente qualificados nesta ata, conforme dispõe o Estatuto recém-aprovado:

Conselho de Administração:

Presidente: (nome)

Diretor Financeiro: (nome)

Diretor Técnico (nome)

Conselho Fiscal:

Efetivos: (listar o nome de 3)

Suplentes: (listar o nome de 3)

DECLARAÇÃO DE DESIMPEDIMENTO

Os cooperados eleitos, sob as penas da lei, declaram que não estão incursos em quaisquer dos crimes previstos em lei ou nas restrições legais que possam impedi-los de exercer atividades mercantis.

A reunião encerrou-se, sendo por mim, (nome), lavrada a ata, sendo lida, conferida, rubricada e assinada por todos os presentes.

........................, ..., de .... de ....

| Presidente | Secretário |

Assinatura dos fundadores:

Visto dos Advogados.

ESTATUTO SOCIAL DA COOPERATIVA .... LTDA.

(Aprovado na Assembleia Geral de Constituição realizada em ..... de ...... de ....)

DA DENOMINAÇÃO, SEDE, FORO, PRAZO DE DURAÇÃO, ÁREA DE AÇÃO E ANO SOCIAL

Art. 1º A Cooperativa .... Ltda., constituída no dia .... de .... de ......, rege-se pelas disposições legais, pelas diretrizes da autogestão e por este Estatuto, tendo:

a) sede administrativa em ... (cidade/estado), na Rua ...., número....., CEP .... e foro jurídico na mesma Comarca;

b) área de ação, para fins de admissão de cooperados, abrangendo os municípios de ....

c) prazo de duração indeterminado e ano social compreendido no período de 1º de janeiro a 31 de dezembro de cada ano.

DOS OBJETIVOS

Art. 2º A Cooperativa tem por objetivos:

a) (descrever os objetivos e atividades da Cooperativa. Exemplo: oferecer serviços de telemarketing em nome de seus cooperados, em condições e preços convenientes);

b) fornecer assistência aos cooperados no que for necessário para melhor executarem o trabalho;

c) organizar as tarefas de modo a bem aproveitar a capacidade dos cooperados, distribuindo-os conforme suas aptidões e interesses coletivos;

d) realizar, em benefício de cooperados interessados, seguro de vida coletivo e de acidentes de trabalho;

e) proporcionar, através de convênios com sindicatos, prefeituras e órgãos estaduais, serviços jurídicos e sociais;

f) realizar cursos de capacitação cooperativista e profissional para o seu quadro social.

Parágrafo único. A Cooperativa atuará sem discriminação política, racial, religiosa ou social e não visará lucro.

DOS COOPERADOS

a) Admissão, Deveres, Direitos e Responsabilidades

Art. 3º Poderão associar-se à Cooperativa, salvo se houver impossibilidade técnica de prestação de serviços, quaisquer pessoas que se dediquem à atividade objeto da entidade, sem prejudicar os interesses e objetivos dela, nem com eles colidir.

Parágrafo único. O número de cooperados não terá limite quanto ao máximo, mas não poderá ser inferior em número mínimo necessário a compor a administração da sociedade.

Art. 4º Para associar-se, o interessado preencherá a respectiva proposta fornecida pela Cooperativa, assinando-a com outro cooperado proponente.

§ 1º O interessado, após protocolar a proposta, deverá frequentar, com aproveitamento, um curso básico de cooperativismo, que será ministrado pela Cooperativa.

§ 2º Concluído o curso, o Conselho de Administração analisará a proposta e a deferirá, se for o caso, devendo o candidato subscrever pelo menos 1 (uma) quota-parte do capital, nos termos deste Estatuto, e assinar o livro de matrícula.

§ 3º Cada sócio poderá deter até o máximo de ... (.....) quotas-parte do capital.

Art. 5º Poderão ingressar na Cooperativa, excepcionalmente, pessoas jurídicas que satisfaçam as condições estabelecidas.

Parágrafo único. A representação de pessoa jurídica junto à Cooperativa far-se-á por meio de pessoa(s) natural(is) especialmente designada(s), mediante instrumento específico que, nos casos em que houver mais de um representante, identificará os poderes de cada um.

Art. 6º Cumprido o que dispõe o art. 4º, o cooperado adquire todos os direitos e assume todos os deveres decorrentes da lei, deste Estatuto e das deliberações tomadas pela Cooperativa.

Art. 7º São direitos dos cooperados:

a) participar das Assembleias Gerais, discutindo e votando os assuntos que nela forem tratados;

b) propor ao Conselho de Administração, ao Conselho Fiscal ou às Assembleias Gerais medidas de interesse da Cooperativa;

c) demitir-se da Cooperativa, quando lhe convier;

d) solicitar informações sobre seus débitos e créditos;

e) solicitar informações sobre as atividades da Cooperativa e, a partir da data de publicação do edital de convocação da Assembleia Geral Ordinária, consultar os livros e peças do Balanço Geral, que devem estar à disposição do cooperado na sede da Cooperativa.

§ 1º A fim de serem apreciadas pela Assembleia Geral, as propostas dos cooperados, referidas em "b" deste artigo, deverão ser apresentadas ao Conselho de Administração com a necessária antecedência de 8 (oito) dias, a constar da divulgação do respectivo edital de convocação.

§ 2º As propostas subscritas por, pelo menos, 20 (vinte) cooperados, serão obrigatoriamente levadas pelo Conselho de Administração à Assembleia Geral e, não o sendo, poderão ser apresentadas diretamente pelos cooperados proponentes.

Art. 8º São deveres do cooperado:

a) subscrever e integralizar pelos menos uma quota-parte do capital, nos termos deste Estatuto e contribuir com as taxas de serviço e encargos operacionais que forem estabelecidos;

b) cumprir com as disposições da lei, do Estatuto e do Regimento Interno, bem como respeitar as resoluções tomadas pelo Conselho de Administração e as deliberações das Assembleias Gerais;

c) satisfazer pontualmente seus compromissos com a Cooperativa, dentre os quais o de participar ativamente da sua vida societária e empresarial;

d) realizar, com a Cooperativa, as operações econômicas que constituam sua finalidade;

e) cobrir as perdas do exercício, quando houver, proporcionalmente às operações que realizou com a Cooperativa, se o Fundo de Reserva não for suficiente para cobri-las;

f) levar ao conhecimento do Conselho de Administração e/ou Conselho Fiscal a existência de qualquer irregularidade que atente contra a lei, o Estatuto e o Regimento Interno;

g) zelar pelo patrimônio material e moral da Cooperativa;

h) cumprir, com pontualidade e qualidade, as tarefas necessárias para entrega dos pedidos aceitos pela Cooperativa.

Art. 9º O cooperado responde subsidiariamente pelos compromissos da Cooperativa até o valor do capital por ele subscrito e o montante das perdas que lhe couber.

Art. 10. As obrigações dos cooperados falecidos, contraídas com a Cooperativa, e as oriundas de sua responsabilidade como cooperado, em face de terceiros, passam aos herdeiros, prescrevendo, porém, após um ano do dia da abertura da sucessão.

Parágrafo único. Os herdeiros do cooperado falecido têm direito ao capital integralizado e demais créditos pertencentes ao *de cujus*.

b) Demissão, Eliminação e Exclusão

Art. 11. A demissão de cooperado dar-se-á a seu pedido, formalmente dirigido ao Conselho de Administração da Cooperativa, e não poderá ser negado.

Art. 12. A eliminação do cooperado, que será realizada em virtude de infração de lei ou deste Estatuto, será feita por decisão do Conselho de Administração, depois de notificação escrita ao infrator, devendo os motivos que a determinaram constar do termo lavrado no livro de matrícula e assinado pelo Presidente.

§ 1º O Conselho de Administração poderá eliminar o cooperado que:

a) mantiver qualquer atividade que conflite com os objetivos sociais da Cooperativa;

b) deixar de cumprir as obrigações por ele contratadas na Cooperativa;

c) deixar de realizar, com a Cooperativa, as operações que constituem seu objeto social;

d) depois de notificado, voltar a infringir disposições de lei, deste Estatuto, do Regimento Interno e das Resoluções e Deliberações regularmente tomadas pela Cooperativa.

§ 2º O atingido poderá, dentro do prazo de 10 (dez) dias, a contar da data do recebimento da notificação, interpor recurso, que terá efeito suspensivo até a primeira Assembleia Geral.

Art. 13. A exclusão do cooperado será feita:

a) por dissolução da pessoa jurídica;

b) por morte da pessoa física;

c) por incapacidade civil não suprida; ou

d) por deixar de atender aos requisitos estatutários de ingresso ou permanência na Cooperativa.

Art. 14. O ato de eliminação do cooperado e aquele que promover a sua exclusão, nos termos do inciso "d" do artigo anterior, serão efetivados por decisão do Conselho de Administração, mediante termo firmado pelo Presidente no documento de matrícula, com os motivos que o determinaram e remessa de comunicação do interessado, no prazo de 30 (trinta) dias, que dará ciência pessoal ou por processo que comprove as datas de remessa e recebimento.

Art. 15. Em qualquer caso de demissão, eliminação ou exclusão, o cooperado só terá direito à restituição do capital que integralizou, devidamente corrigido na data da ocorrência de uma das condições acima, das sobras e de outros créditos que lhe tiverem sido registrados, não lhe cabendo nenhum outro direito.

§ 1º A restituição de que trata este artigo somente poderá ser exigida depois de aprovado, pela Assembleia Geral, o Balanço do exercício em que o cooperado tenha sido desligado da Cooperativa.

§ 2º O Conselho de Administração poderá determinar que a restituição deste capital seja feita em parcelas, a partir do exercício financeiro que se seguir àquele em que se deu o desligamento.

§ 3º No caso de morte do cooperado, a restituição de que trata o parágrafo anterior será efetuada aos herdeiros legais, mediante a apresentação do respectivo formal de partilha ou alvará judicial.

Art. 16. Os atos de demissão, eliminação ou exclusão acarretam o vencimento e pronta exigibilidade das dívidas do cooperado na Cooperativa.

Art. 17. Os direitos e deveres dos cooperados perduram, também para os demitidos, eliminados e excluídos, até que sejam aprovadas, pela Assembleia Geral, as contas do exercício em que se deu o desligamento.

DO CAPITAL

Art. 18. O capital da Cooperativa, representado por quotas-parte, não terá limite quanto ao máximo e variará conforme o número de quotas-parte subscritas.

§ 1º O capital é subdividido em quotas-parte, no valor de R$ .... (........... reais) cada uma.

§ 2º A quota-parte é indivisível, intransferível a não cooperados, não podendo ser negociada de modo algum, nem dada em garantia, e sua subscrição, integralização, transferência ou restituição será sempre escriturada no livro de matrícula, cujo termo conterá as assinaturas do cedente, do cessionário e do Presidente da Cooperativa.

§ 3º O cooperado deve integralizar as quotas-parte à vista, de uma só vez, ou em prestações mensais, ou ainda por meio de contribuições.

§ 4º Nos ajustes periódicos de contas com os cooperados, a Cooperativa pode incluir parcelas destinadas à integralização de quotas-parte do capital.

Art. 19. O número de quotas-parte do capital social a ser subscrito pelo cooperado, por ocasião de sua admissão, será de no mínimo 1 (uma) quota-parte, não podendo exceder a .... (..............) do total subscrito.

DA ASSEMBLEIA GERAL
DEFINIÇÃO E FUNCIONAMENTO

Art. 20. A Assembleia Geral dos Cooperados, Ordinária ou Extraordinária, é o órgão supremo da Cooperativa, cabendo-lhes tomar toda e qualquer decisão de interesse da entidade. Suas deliberações vinculam a todos, ainda que ausentes ou discordantes.

Art. 21. A Assembleia Geral será habitualmente convocada e dirigida pelo Presidente, após deliberação do Conselho de Administração.

§ 1º Poderá ser também convocada pelo Conselho Fiscal, se ocorrerem motivos graves e urgentes ou, ainda, após solicitação não atendida, por 1/5 (um quinto) dos cooperados em pleno gozo de seus direitos sociais.

§ 2º Não poderá participar da Assembleia Geral o cooperado que:

a) tenha sido admitido após a convocação ou

b) infringir qualquer disposição do art. 8º deste Estatuto.

Art. 22. Em qualquer das hipóteses referidas no artigo anterior, as Assembleias Gerais serão convocadas com antecedência mínima de 10 (dez) dias, com horário definido para as duas convocações, sendo de 1 (uma) hora o intervalo entre elas.

Art. 23. Dos editais de convocação das Assembleias Gerais deverão constar:

a) A denominação da Cooperativa, o número do Cadastro Nacional de Pessoa Jurídica (CNPJ), seguidos da expressão: Convocação da Assembleia Geral, Ordinária ou Extraordinária, conforme o caso;

b) o dia e a hora da reunião, assim como o local de sua realização, o qual, salvo motivo justificado, será o da sede administrativa;

c) a sequência ordinal das chamadas;

d) a Ordem do Dia dos trabalhos;

e) o número de cooperados existentes na data de sua expedição para efeito do cálculo do quórum de instalação;

f) data e assinatura do responsável pela convocação.

§ 1º No caso de a convocação ser feita por cooperados, o edital será assinado, no mínimo, por 5 (cinco) signatários do documento que a solicitou.

§ 2º Os editais de convocação serão afixados em locais visíveis das dependências geralmente frequentados pelos cooperados e publicados em jornal de circulação local.

Art. 24. É de competência das Assembleias Gerais, Ordinárias ou Extraordinárias, a destituição dos membros do Conselho de Administração, do Conselho Fiscal ou de outros Conselhos.

Art. 25. O quórum para instalação da Assembleia Geral é o seguinte:

a) 2/3 (dois terços) do número dos cooperados presentes à reunião, em condições de votar, em primeira chamada;

b) metade mais um dos cooperados, em segunda chamada;

c) mínimo de 10 (dez) cooperados, em terceira chamada.

§ 1º Para efeito de verificação do quórum de que trata este artigo, o número de cooperados presentes, em cada chamada, será constatado por suas assinaturas, seguidas do respectivo número de matrícula, apostas no Livro de Presença.

§ 2º Constatada a existência de quórum no horário estabelecido no edital de convocação, o Presidente instalará a Assembleia, registrando os dados da convocação e o quórum respectivo na ata.

Art. 26. Os trabalhos das Assembleias Gerais serão dirigidos pelo Presidente eleito pela assembleia, auxiliado pelo Secretário por ele designado.

Parágrafo único. Transmitida a direção dos trabalhos, o Presidente da Cooperativa e demais Conselheiros de Administração e Fiscal deixarão a mesa, permanecendo no recinto, à disposição da Assembleia Geral para os esclarecimentos que lhes forem solicitados.

Art. 27. As deliberações das Assembleias Gerais somente poderão versar sobre assuntos constantes do edital de convocação e os que com eles tiverem imediata relação.

Art. 28. O que ocorrer na Assembleia Geral deverá constar de ata circunstanciada, lavrada em livro próprio, aprovada e assinada ao final dos trabalhos pelos administradores e fiscais presentes, pelos integrantes da mesa e por uma comissão de 3 (três) cooperados designados pela Assembleia Geral.

Art. 29. As deliberações nas Assembleias Gerais serão tomadas por maioria dos cooperados presentes com direito de votar, tendo cada cooperado direito a um só voto, qualquer que seja o número de suas quotas-parte.

Art. 30. Prescreve em 4 (quatro) anos a ação para anular as deliberações da Assembleia Geral viciadas de erro, simulação, dolo ou fraude, contado o prazo da data em que a Assembleia Geral tiver sido realizada.

DA ASSEMBLEIA GERAL ORDINÁRIA

Art. 31. Assembleia Geral Ordinária (AGO), que se realizará obrigatoriamente uma vez por ano, no decorrer dos 3 (três) primeiros meses, após o término do exercício social, deliberará sobre os seguintes assuntos, que deverão constar da Ordem do Dia:

a) prestação de contas dos Órgãos de Administração, acompanhada do Parecer do Conselho Fiscal, compreendendo:

1. Relatório da Gestão;
2. Balanço Patrimonial;
3. Demonstrativo das sobras apuradas ou das perdas decorrentes da insuficiência das contribuições para cobertura das despesas da sociedade e o parecer do Conselho Fiscal.

b) destinação das sobras apuradas ou rateio de perdas, deduzindo-se, no primeiro caso, as parcelas para os fundos obrigatórios;

c) eleição e posse dos componentes do Conselho de Administração, do Conselho Fiscal e de outros, quando for o caso;

d) quando prevista, a fixação do valor dos honorários, gratificações e cédula de presença dos membros do Conselho de Administração ou da Diretoria e do Conselho Fiscal;

e) quaisquer assuntos de interesse social, excluídos os enumerados nos arts. 32 e 33 deste Estatuto.

§ 1º Os membros dos órgãos de administração e fiscalização não poderão participar da votação das matérias referidas nos itens "a", "b", "c" e "d" deste artigo.

DA ASSEMBLEIA GERAL EXTRAORDINÁRIA

Art. 32. A Assembleia Geral Extraordinária (AGE) realizar-se-á sempre que necessário, podendo deliberar sobre qualquer assunto de interesse da Cooperativa, desde que mencionado no edital de convocação.

Art. 33. É da competência exclusiva da AGE deliberar sobre os seguintes assuntos:

a) reforma do Estatuto;

b) fusão, incorporação ou desmembramento;

c) mudança de objetivo da cooperativa;

d) dissolução voluntária e nomeação de liquidantes;

e) contas do liquidante.

Parágrafo único. São necessários votos de 2/3 (dois terços) dos cooperados presentes para tornar válidas as deliberações de que trata este artigo.

DA ORGANIZAÇÃO DO QUADRO SOCIAL E ADMINISTRAÇÃO

Art. 34. A Cooperativa definirá, através de um Regimento Interno, a forma de organização do seu quadro social.

Parágrafo único. O Regimento Interno deverá ser proposto pelo Conselho de Administração e aprovado em Assembleia Geral.

DA ADMINISTRAÇÃO
DO CONSELHO DE ADMINISTRAÇÃO

Art. 35. O Conselho de Administração é o órgão superior na hierarquia administrativa, sendo de sua competência privativa e exclusiva responsabilidade a decisão sobre todo e qualquer assunto de ordem econômica ou social, de interesse da Cooperativa ou de seus cooperados, nos termos da lei, deste Estatuto e de recomendações da Assembleia Geral.

Art. 36. O Conselho de Administração será composto por 3 (três) membros, todos cooperados no gozo de seus direitos sociais, eleitos pela Assembleia Geral para um mandato de ...... (........) anos, sendo obrigatória, ao término de cada mandato, a renovação de, no mínimo, 1/3 (um terço) dos seus componentes.

§ 1º O Conselho de Administração terá, pelo menos, os cargos de Presidente, Diretor Financeiro e Diretor Técnico.

§ 2º Cabe ao Conselho de Administração, dentro dos limites da lei e deste Estatuto, as seguintes atribuições:

a) propor à Assembleia Geral as políticas e metas para orientação geral das atividades da Cooperativa, apresentando programas de trabalho e orçamento, além de sugerir as medidas a serem tomadas;

b) avaliar e providenciar o montante dos recursos financeiros e dos meios necessários ao atendimento das operações e serviços;

c) estabelecer as normas para funcionamento da Cooperativa;

d) elaborar proposta de Regimento Interno para a organização do quadro social;

e) estabelecer sanções ou penalidades a serem aplicadas nos casos de violação ou abuso cometidos contra disposições de lei, deste Estatuto, do Regimento Interno ou das regras de relacionamento com a entidade que venham a ser estabelecidas;

f) deliberar sobre a admissão, demissão, eliminação e exclusão de cooperados;

g) deliberar sobre a convocação da Assembleia Geral e estabelecer a Ordem do Dia;

h) estabelecer a estrutura operacional da administração executiva dos negócios, criando cargos e atribuindo funções;

i) fixar as normas disciplinares e da contratação de empregados.

§ 3º As normas estabelecidas pelo Conselho de Administração serão baixadas em forma de Resoluções, Regulamentos ou Instruções que, em seu conjunto, constituirão o Regimento Interno da Cooperativa.

Art. 37. Ao Presidente compete, entre outros, os seguintes poderes e atribuições:

a) dirigir e supervisionar todas as atividades da Cooperativa;

b) baixar os atos de execução das decisões do Conselho de Administração;

c) assinar, isolada ou conjuntamente com o Diretor Financeiro, contratos e demais documentos constitutivos de obrigações;

d) convocar e presidir as reuniões do Conselho de Administração, bem como as Assembleias Gerais dos cooperados;

e) representar ativa e passivamente a Cooperativa, em juízo e fora dele;

f) representar os cooperados, como solidário com os financiamentos efetuados por intermédio da Cooperativa, realizados nas limitações da lei e deste Estatuto;

g) assinar, isolada ou conjuntamente com o Diretor Financeiro, os cheques bancários;

h) adquirir, alienar ou onerar bens móveis da sociedade, e quanto aos imóveis, previamente ouvido o Conselho de Administração;

i) observado o disposto na letra anterior, contrair obrigações, transigir, ceder direitos e constituir mandatários.

Art. 38. Ao Diretor Financeiro compete interessar-se permanentemente pelo trabalho do Presidente, substituindo-o em seus impedimentos.

Parágrafo único. Ao Diretor Financeiro competem, entre outras, as seguintes atribuições:

a) secretariar os trabalhos e orientar a lavratura das atas das reuniões do Conselho de Administração e da Assembleia Geral, responsabilizando-se pela guarda de livros, documentos e arquivos pertinentes;

b) assinar, isolada ou conjuntamente com o Presidente, contratos e demais documentos constitutivos de obrigações, bem como cheques bancários.

Art. 39. Ao Diretor Técnico compete a coordenação dos trabalhos operacionais da Cooperativa, responsabilizando-se pela qualidade, pontualidade e demais aspectos comerciais envolvidos.

§ 1º Ao Diretor Técnico competem, entre outras, as seguintes atribuições:

a) elaborar planos de produção dos serviços cooperados;

b) coordenar a execução dos serviços conjuntos;

c) estipular normas de produtividade e qualidade.

§ 2º Na hipótese da existência de outros diretores, as suas atribuições serão fixadas no ato de sua criação

DO CONSELHO FISCAL

Art. 40. Os negócios e atividades da Cooperativa serão fiscalizados por um Conselho Fiscal constituído de 3 (três) membros efetivos e 3 (três) suplentes, todos cooperados, eleitos pela Assembleia Geral para um mandato de 2 (dois) anos, sendo permitida a reeleição de 1/3 (um terço) dos seus componentes.

Parágrafo único. Não podem fazer parte do Conselho Fiscal os membros do Conselho de Administração, seus parentes até 2º (segundo) grau, em linha reta ou colateral, bem como os parentes entre si até esse grau.

Art. 41. O Conselho Fiscal reúne-se, ordinariamente, uma vez por mês, e, extraordinariamente, sempre que necessário, com a participação de 3 (três) dos seus membros.

§ 1º As decisões serão tomadas por maioria simples de votos e constarão em ata lavrada em livro próprio, lida, aprovada e assinada ao final dos trabalhos de cada reunião, pelos 3 (três) conselheiros presentes.

§ 2º Ocorrendo impedimento por algum membro do Conselho Fiscal, sua vaga será preenchida por um dos suplentes, na ordem determinada pela Assembleia Geral.

Art. 42. Compete ao Conselho Fiscal:

a) o exame de contas, documentos, livros, estoques;

b) examinar balancetes e outros demonstrativos mensais, o balanço e as demonstrações financeiras;

c) convocar Assembleia Geral, quando houver motivos relevantes;

d) conduzir o processo eleitoral, coordenando os trabalhos de eleição, proclamação e posse dos eleitos, fiscalizando também o cumprimento do Estatuto, Regimento Interno, Resoluções e decisões da Assembleia Geral.

DOS LIVROS, CONTABILIDADE, BALANÇO, DESPESAS, SOBRAS, PERDAS E FUNDOS

Art. 43. A Cooperativa deverá ter os seguintes livros, além dos contábeis e fiscais exigidos pela legislação comercial e tributária:

1. matrícula;

2. presença de cooperados nas Assembleias Gerais;

3. atas das Assembleias Gerais;

4. atas do Conselho de Administração;

5. atas do Conselho Fiscal.

Parágrafo único. É facultada a adoção de livros de folhas soltas ou fichas devidamente numeradas.

Art. 44. A apuração dos resultados do exercício social e o levantamento do balanço geral serão realizados no dia 31 (trinta e um) de dezembro de cada ano.

Art. 45. Os resultados positivos serão distribuídos das seguintes formas:

a) 10% (dez por cento) ao Fundo de Reserva;

b) 5% (cinco por cento) ao Fundo de Assistência Técnica, Educacional e Social (FATES);

c) até 85% (oitenta e cinco por cento) aos Fundos ou à destinação que a Assembleia Geral determinar.

§ 1º Além dos Fundos mencionados, a Assembleia poderá criar outros fundos, inclusive rotativos, com recursos destinados a fins específicos, fixando o modo de formação, aplicação e liquidação.

§ 2º Os resultados negativos serão rateados entre os cooperados, na proporção das operações de cada um, realizadas com a Cooperativa, se o Fundo de Reserva não for suficiente para cobri-los.

§ 3º Quando autorizada pela Assembleia Geral, a distribuição dos resultados será proporcional ao valor das operações efetuadas pelo cooperado.

Art. 46. O Fundo de Reserva destina-se a reparar as perdas do exercício e atender ao desenvolvimento das atividades, revertendo em seu favor, além da taxa de 10% (dez por cento) das sobras:

a) Os créditos não reclamados pelos cooperados, decorridos 5 (cinco) anos;

b) Os auxílios e doações sem destinação especial.

Art. 47. O Fundo de Assistência Técnica, Educacional e Social (FATES) destina-se à prestação de serviços aos cooperados, seus familiares e empregados da Cooperativa, podendo ser prestados mediante convênio com entidades especializadas.

Art. 48. Revertem em favor do FATES as rendas eventuais de qualquer natureza, resultantes de operações ou atividades nas quais os cooperados não tenham tido intervenção.

Art. 49. Poderão ser levantados balancetes intermediários, com o objetivo de constituir os Fundos especificados, para aplicação no próprio exercício de sua constituição.

DA DISSOLUÇÃO, LIQUIDAÇÃO E DAS DISPOSIÇÕES GERAIS E TRANSITÓRIAS

Art. 50. A Cooperativa se dissolverá de pleno direito:

a) quando assim deliberar a Assembleia Geral;

b) devido à alteração de sua forma jurídica;

c) pela paralisação de suas atividades por mais de 120 (cento e vinte) dias.

Art. 51. Os casos omissos serão resolvidos de acordo com os princípios doutrinários e os dispositivos legais, ouvida ainda a Organização das Cooperativas do Estado.

Este Estatuto foi aprovado em Assembleia de Constituição realizada em ...... de .... de .....

(assinaturas)

LISTA NOMINATIVA DOS ASSOCIADOS FUNDADORES

NOME COMPLETO	Identidade e Órgão Emissor:	....
....	Nacionalidade:	....
Assinatura:	Estado Civil:	....
	Idade:	....
	Profissão:	....
	Residência:	....

NOME COMPLETO	Identidade e Órgão Emissor:	
	Nacionalidade:	
	Estado Civil:	
	Idade:	
	Profissão:	
	Residência:	

NOME COMPLETO	Identidade e Órgão Emissor:	
	Nacionalidade:	
	Estado Civil:	
	Idade:	
	Profissão:	
	Residência:	

Capítulo V
LEGISLAÇÃO ATUALIZADA EM DESTAQUE

Tem sido critério nos livros que antecederam o presente, com enfoque nas matérias relacionas ao registro público de empresas, após sua exposição a inclusão, nesta parte, da legislação diretamente nele envolvida, envolvendo não só as leis, mas também os ato administrativos pertinentes.

Ocorre que, em face ao elevado número de normas e instruções que se seguiram a edição da Lei nº 13.873/2019, especificamente no âmbito do Registro Público de Empresas Comerciais e Atividades Afins, através do DREI, nesta oportunidade preferimos reproduzir na sua íntegra apenas a duas leis diretamente enfocadas e neste livro e a enumeração com uma pequena sinopse de cada Instrução Normativa, refletindo o seu conteúdo.

– **Lei nº 8.934/1994** que disciplinou em nosso País o Registro Público de Empresas Comerciais e Atividades Afins, hoje complementada pelo Código Civil Brasileiro em seu Livro II, ao tratar do DIREITO DA EMPRESA e outras leis específicas.

– **Lei nº 13.873/2019** que disciplinou uma séria de atividades e procedimentos envolvendo diversas áreas e segmentos em nosso País, das quais destacamos a empresarial no campo do registro público de empresas mercantis, e que tem na lei nº 8.934 ponto de destaque.

– **Instruções Normativas do DREI**, resultantes da aplicação da Lei da Liberdade Econômica e sua influência sobre a Lei do Registro Público de Empresas Comerciais e Atividades Afins, deixando de transcrevê-las na íntegra, apresentando apenas um resumo de seu conteúdo determinando em breves palavras o seu propósito, ficando ao interesse daqueles que nos prestigiarem com a leitura desta obra, um horizonte amplo de consulta para examninarem nas íntegras tais disposições, através de consulta ao site próprio do DREI, onde se acham relacionadas todas as Instruções Normativas.

– **Instrução Normativa DREI nº 35**, de 03.03.2017

Disciplina o arquivamento de transformação, incorporação, fusão e cisão de empresas. (alterada pela IN-DREI nº 69/2019)

– **Instrução Normativa DREI nº 38**, de 02.02.2017

Instituiu os Manuais de Registro de Empresário Individual, Sociedade Limitada, Empresa Individual de Responsabilidade Limitada-EIRELI, Cooperativa e Sociedade Anonima (alterada pela IN-DREI nº 69/2019)

– **Instrução Normativa DREI nº 54**, de 17.01.2019

Trata da destituição de Administradores e Sócios Minoritários

– **Instrução Normativa DREI nº 62**, de 10.05.2019

Estabelece as regras sobre a execução do Registro Automatico de Empresas. Sendo que o registro automático de empresas será executado nos processos cujo modelo seja aprovado pela Junta Comercial e constante do seu SITE.

– **Instrução Normativa DREI nº 63**, de 11.06.2019

Fixa regras para a Sociedade Limitada Unipessoal, criada para facilitar os empresários que não possuem sócios a exercer a atividade mercantil de forma unipessoal.

– **Instrução Normativa DREI nº 66**, de 06.08.2019

Trata da abertura, alteração, transferencia e extinção de Filial. Determinando que, a abertura de filial cuja sede seja em outra unidade da federação, deverá providenciar o arquivamento do instrumento na Junta da sede acompanhado do DBE, referente à filial que será enviado eletrônicamente para a Junta onde será localizará a filial.

– **Instrução Normativa DREI nº 67**, de 30.09.2019

Altera o Manual de Registro de Sociedade Anonima, sendo que, de acordo com a nova lei, as convocações não serão mais efetuadas em jornal de grande circulação, mas somento no Diário Oficial, através do sistema eletrônico.

– **Instrução Normativa DREI nº 68**, de 07.10.2019

Define a Tabela de Preços de Serviços, isentando de pagamento da taxa de serviços da Junta, bem como do pagamento do DARF, nos processos de extinção, distrato e baixa de qualquer tipo de empresa.

– **Instrução Normativa DREI nº 69**, de 18.11.2019

Altera os Manuais de Registro de Empresário Individual, Sociedade Limitada, Empresa Individual de Responsabilidade Limitada-EIRELI, Cooperativa e Sociedade Anonima.

LEI nº 8.934, DE 18 DE NOVEMBRO DE 1994.

Dispõe sobre o Registro Público de Empresas Mercantis e Atividades Afins e dá outras providências.

O PRESIDENTE DA REPÚBLICA, Faço saber que o Congresso Nacional decreta e eu sanciono a seguinte lei:

TÍTULO I
Do Registro Público de Empresas Mercantis e Atividades Afins

CAPÍTULO I
Das Finalidades e da Organização

SEÇÃO I
Das Finalidades

Art. 1º O Registro Público de Empresas Mercantis e Atividades Afins, observado o disposto nesta Lei, será exercido em todo o território nacional, de forma sistêmica, por órgãos federais, estaduais e distrital, com as seguintes finalidades: (Redação dada pela Lei n.º 13.833, de 2019)

I – dar garantia, publicidade, autenticidade, segurança e eficácia aos atos jurídicos das empresas mercantis, submetidos a registro na forma desta lei;

II – cadastrar as empresas nacionais e estrangeiras em funcionamento no país e manter atualizadas as informações pertinentes;

III – proceder à matrícula dos agentes auxiliares do comércio, bem como ao seu cancelamento.

Art. 2º Os atos das firmas mercantis individuais e das sociedades mercantis serão arquivados no Registro Público de Empresas Mercantis e Atividades Afins, independentemente de seu objeto, salvo as exceções previstas em lei.

SEÇÃO II
Da Organização

Art. 3º Os serviços do Registro Público de Empresas Mercantis e Atividades Afins serão exercidos, em todo o território nacional, de maneira uniforme, harmônica e interdependente, pelo Sistema Nacional de Registro de Empresas Mercantis (Sinrem), composto pelos seguintes órgãos:

I – o Departamento Nacional de Registro Empresarial e Integração, órgão central do Sinrem, com as seguintes funções: (Redação dada pela Lei n.º 13.833, de 2019)

a) supervisora, orientadora, coordenadora e normativa, na área técnica; e (Redação dada pela Lei n.º 13.833, de 2019)

b) supletiva, na área administrativa; e (Redação dada pela Lei n.º 13.833, de 2019)

II – as Juntas Comerciais, como órgãos locais, com funções executora e administradora dos serviços de registro.

Subseção I
Do Departamento Nacional de Registro Empresarial e Integração

Art. 4º O Departamento Nacional de Registro Empresarial e Integração (Drei) da Secretaria de Governo Digital da Secretaria Especial de Desburocratização, Gestão e Governo Digital do Ministério da Economia tem por finalidade: (Redação dada pela Lei n.º 13.874, de 2019)

I – supervisionar e coordenar, no plano técnico, os órgãos incumbidos da execução dos serviços de Registro Público de Empresas Mercantis e Atividades Afins;

II – estabelecer e consolidar, com exclusividade, as normas e diretrizes gerais do Registro Público de Empresas Mercantis e Atividades Afins;

III – solucionar dúvidas ocorrentes na interpretação das leis, regulamentos e demais normas relacionadas com o registro de empresas mercantis, baixando instruções para esse fim;

IV prestar orientação às Juntas Comerciais, com vistas à solução de consultas e à observância das normas legais e regulamentares do Registro Público de Empresas Mercantis e Atividades Afins;

V – exercer ampla fiscalização jurídica sobre os órgãos incumbidos do Registro Público de Empresas Mercantis e Atividades Afins, representando para os devidos fins às autoridades administrativas contra abusos e infrações das respectivas normas, e requerendo tudo o que se afigurar necessário ao cumprimento dessas normas;

VI – estabelecer normas procedimentais de arquivamento de atos de firmas mercantis individuais e sociedades mercantis de qualquer natureza;

VII – promover ou providenciar, supletivamente, as medidas tendentes a suprir ou corrigir as ausências, falhas ou deficiências dos serviços de Registro Público de Empresas Mercantis e Atividades Afins;

VIII – prestar colaboração técnica e financeira às juntas comerciais para a melhoria dos serviços pertinentes ao Registro Público de Empresas Mercantis e Atividades Afins;

IX – organizar e manter atualizado o cadastro nacional das empresas mercantis em funcionamento no país, com a cooperação das juntas comerciais;

X – instruir, examinar e encaminhar os processos e recursos a serem decididos pelo Ministro de Estado da Indústria, do Comércio e do Turismo, inclusive os pedidos de autorização para nacionalização ou instalação de filial, agência, sucursal ou estabelecimento no país, por sociedade estrangeira, sem prejuízo da competência de outros órgãos federais;

XI – promover e elaborar estudos e publicações e realizar reuniões sobre temas pertinentes ao Registro Público de Empresas Mercantis e Atividades Afins. (Redação dada pela Lei n.º 13.833, de 2019)

Parágrafo único. O cadastro nacional a que se refere o inciso IX do caput deste artigo será mantido com as informações originárias do cadastro estadual de empresas, vedados a exigência de preenchimento de formulário pelo empresário ou o fornecimento de novos dados ou informações, bem como a cobrança de preço pela inclusão das informações no cadastro nacional. (Incluído pela Lei n.º 13.874, de 2019)

Subseção ii
Das Juntas Comerciais

Art. 5º Haverá uma junta comercial em cada unidade federativa, com sede na capital e jurisdição na área da circunscrição territorial respectiva.

Art. 6º As juntas comerciais subordinam-se, administrativamente, ao governo do respectivo ente federativo e, tecnicamente, ao Departamento Nacional de Registro Empresarial e Integração, nos termos desta Lei. (Redação dada pela Lei n.º 13.833, de 2019)

Art. 7º As juntas comerciais poderão desconcentrar os seus serviços, mediante convênios com órgãos públicos e entidades privadas sem fins lucrativos, preservada a competência das atuais delegacias.

Art. 8º Às Juntas Comerciais incumbe:

I – executar os serviços previstos no art. 32 desta lei;

II – elaborar a tabela de preços de seus serviços, observadas as normas legais pertinentes;

III – processar a habilitação e a nomeação dos tradutores públicos e intérpretes comerciais;

IV – elaborar os respectivos Regimentos Internos e suas alterações, bem como as resoluções de caráter administrativo necessárias ao fiel cumprimento das normas legais, regulamentares e regimentais;

V – expedir carteiras de exercício profissional de pessoas legalmente inscritas no Registro Público de Empresas Mercantis e Atividades Afins;

VI – o assentamento dos usos e práticas mercantis.

Art. 9º A estrutura básica das juntas comerciais será integrada pelos seguintes órgãos:

I – a Presidência, como órgão diretivo e representativo;

II – o Plenário, como órgão deliberativo superior;

III – as Turmas, como órgãos deliberativos inferiores;

IV – a Secretaria-Geral, como órgão administrativo;

V – a Procuradoria, como órgão de fiscalização e de consulta jurídica.

§ 1º As juntas comerciais poderão ter uma assessoria técnica, com a competência de preparar e relatar os documentos a serem submetidos à sua deliberação, cujos membros deverão ser bacharéis em Direito, Economistas, Contadores ou Administradores.

§ 2º As juntas comerciais, por seu plenário, poderão resolver pela criação de delegacias, órgãos locais do registro do comércio, nos termos da legislação estadual respectiva.

Art. 10. O Plenário, composto de Vogais e respectivos suplentes, será constituído pelo mínimo de onze e no máximo de vinte e três Vogais. (Redação dada pela Lei n.º 10.194, de 14.2.2001)

Art. 11. Os vogais e os respectivos suplentes serão nomeados, salvo disposição em contrário, pelos governos dos Estados e do Distrito Federal, dentre brasileiros que atendam às seguintes condições: (Redação dada pela Lei n.º 13.833, de 2019)

I – estejam em pleno gozo dos direitos civis e políticos;

II – não estejam condenados por crime cuja pena vede o acesso a cargo, emprego e funções públicas, ou por crime de prevaricação, falência fraudulenta, peita ou suborno, concussão, peculato, contra a propriedade, a fé pública e a economia popular;

III – sejam, ou tenham sido, por mais de cinco anos, titulares de firma mercantil individual, sócios ou administradores de sociedade mercantil, valendo como prova, para esse fim, certidão expedida pela junta comercial;

IV – estejam quites com o serviço militar e o serviço eleitoral.

Parágrafo único. Qualquer pessoa poderá representar fundadamente à autoridade competente contra a nomeação de vogal ou suplente, contrária aos preceitos desta lei, no prazo de quinze dias, contados da data da posse.

Art. 12. Os vogais e respectivos suplentes serão escolhidos da seguinte forma:

I – a metade do número de vogais e suplentes será designada mediante indicação de nomes, em listas tríplices, pelas entidades patronais de grau superior e pelas Associações Comerciais, com sede na jurisdição da junta;

II – um vogal e respectivo suplente, representando a União, por nomeação do Ministro de Estado do Desenvolvimento, Indústria e Comércio Exterior; (Redação dada pela Lei n.º 10.194, de 14.2.2001)

III – quatro vogais e respectivos suplentes representando a classe dos advogados, a dos economistas, a dos contadores e a dos administradores, todos mediante indicação, em lista tríplice, do Conselho Seccional ou Regional do Órgão Corporativo dessas categorias profissionais; (Redação dada pela Lei n.º 9.829, de 1999)

IV os demais vogais e suplentes serão designados, nos Estados e no Distrito Federal, por livre escolha dos respectivos governadores. (Redação dada pela Lei n.º 13.833, de 2019)

§ 1º Os vogais e respectivos suplentes de que tratam os incisos II e III deste artigo ficam dispensados da prova do requisito previsto no inciso III do art. 11, mas exigir-se-á a prova de mais de 5 (cinco) anos de efetivo exercício da profissão em relação aos vogais e suplentes de que trata o inciso III.

§ 2º As listas referidas neste artigo devem ser remetidas até 60 (sessenta) dias antes do término do mandato, caso contrário será considerada, com relação a cada entidade que se omitir na remessa, a última lista que não inclua pessoa que exerça ou tenha exercido mandato de vogal.

Art. 13. Os vogais serão remunerados por presença, nos termos da legislação da unidade federativa a que pertencer a junta comercial.

Art. 14. O vogal será substituído por seu suplente durante os impedimentos e, no caso de vaga, até o final do mandato.

Art. 15. São incompatíveis para a participação no colégio de vogais da mesma junta comercial os parentes consanguíneos e afins até o segundo grau e os sócios da mesma empresa.

Parágrafo único. Em caso de incompatibilidade, serão seguidos, para a escolha dos membros, sucessivamente, os critérios da precedência na nomeação, da precedência na posse, ou do membro mais idoso.

Art. 16. O mandato de vogal e respectivo suplente será de 4 (quatro) anos, permitida apenas uma recondução.

Art. 17. O vogal ou seu suplente perderá o mandato nos seguintes casos:

I – mais de 3 (três) faltas consecutivas às sessões, ou 12 (doze) alternadas no mesmo ano, sem justo motivo;

II – por conduta incompatível com a dignidade do cargo.

Art. 18. Na sessão inaugural do plenário das juntas comerciais, que iniciará cada período de mandato, serão distribuídos os vogais por turmas de três membros cada uma, com exclusão do presidente e do vice-presidente.

Art. 19. Ao plenário compete o julgamento dos processos em grau de recurso, nos termos previstos no regulamento desta lei.

Art. 20. As sessões ordinárias do plenário e das turmas efetuar-se-ão com a periodicidade e do modo determinado no regimento da junta comercial; e as extraordinárias, sempre justificadas, por convocação do presidente ou de dois terços dos seus membros.

Art. 21. Compete às turmas julgar, originariamente, os pedidos relativos à execução dos atos de registro.

Art. 22. Compete aos respectivos governadores a nomeação para os cargos em comissão de presidente e vice-presidente das juntas comerciais dos Estados e do Distrito Federal, escolhidos dentre os vogais do Plenário. (Redação dada pela Lei n.º 13.833, de 2019)

Art. 23. Compete ao presidente:

I – a direção e representação geral da junta;

II – dar posse aos vogais, convocar e dirigir as sessões do Plenário, superintender todos os serviços e velar pelo fiel cumprimento das normas legais e regulamentares.

Art. 24. Ao vice-presidente incumbe substituir o presidente em suas faltas ou impedimentos e efetuar a correição permanente dos serviços, na forma do regulamento desta lei.

Art. 25. Compete aos respectivos governadores a nomeação para o cargo em comissão de secretário-geral das juntas comerciais dos Estados e do Distrito Federal, e a escolha deverá recair sobre brasileiros de notória idoneidade moral e com conhecimentos em direito empresarial. (Redação dada pela Lei n.º 13.833, de 2019)

Art. 26. À secretaria-geral compete a execução dos serviços de registro e de administração da junta.

Art. 27. As procuradorias serão compostas de 1 (um) ou mais procuradores e chefiadas pelo procurador que for designado pelo governador do Estado ou do Distrito Federal. (Redação dada pela Lei n.º 13.833, de 2019)

Art. 28. A procuradoria tem por atribuição fiscalizar e promover o fiel cumprimento das normas legais e executivas, oficiando, internamente, por sua iniciativa ou mediante solicitação da presidência, do plenário e das turmas; e, externamente, em atos ou feitos de natureza jurídica, inclusive os judiciais, que envolvam matéria do interesse da junta.

CAPÍTULO II
Da Publicidade do Registro Público de Empresas Mercantis e Atividades Afins

SEÇÃO I
Das Disposições Gerais

Art. 29. Qualquer pessoa, sem necessidade de provar interesse, poderá consultar os assentamentos existentes nas juntas comerciais e obter certidões, mediante pagamento do preço devido.

Art. 30. A forma, prazo e procedimento de expedição de certidões serão definidos no regulamento desta lei.

SEÇÃO II
Da Publicação dos Atos

Art. 31. Os atos decisórios serão publicados em sítio da rede mundial de computadores da junta comercial do respectivo ente federativo. (Redação dada pela Lei n.º 13.874, de 2019)

CAPÍTULO III
Dos Atos Pertinentes ao Registro Público de Empresas Mercantis e Atividades Afins

SEÇÃO I
Da Compreensão dos Atos

Art. 32. O registro compreende:

I – a matrícula e seu cancelamento: dos leiloeiros, tradutores públicos e intérpretes comerciais, trapicheiros e administradores de armazéns-gerais;

II – O arquivamento:

a) dos documentos relativos à constituição, alteração, dissolução e extinção de firmas mercantis individuais, sociedades mercantis e cooperativas;

b) dos atos relativos a consórcio e grupo de sociedade de que trata a Lei n.º 6.404, de 15 de dezembro de 1976;

c) dos atos concernentes a empresas mercantis estrangeiras autorizadas a funcionar no Brasil;

d) das declarações de microempresa;

e) de atos ou documentos que, por determinação legal, sejam atribuídos ao Registro Público de Empresas Mercantis e Atividades Afins ou daqueles que possam interessar ao empresário e às empresas mercantis;

III – a autenticação dos instrumentos de escrituração das empresas mercantis registradas e dos agentes auxiliares do comércio, na forma de Lei própria.

§ 1º Os atos, os documentos e as declarações que contenham informações meramente cadastrais serão levados automaticamente a registro se puderem ser obtidos de outras bases de dados disponíveis em órgãos públicos. (Incluído pela Lei n.º 13.874, de 2019)

§ 2º Ato do Departamento Nacional de Registro Empresarial e Integração definirá os atos, os documentos e as declarações que contenham informações meramente cadastrais. (Incluído pela Lei n.º 13.874, de 2019)

Art. 33. A proteção ao nome empresarial decorre automaticamente do arquivamento dos atos constitutivos de firma individual e de sociedades, ou de suas alterações.

Art. 34. O nome empresarial obedecerá aos princípios da veracidade e da novidade.

SEÇÃO II
Das Proibições de Arquivamento

Art. 35. Não podem ser arquivados:

I – os documentos que não obedecerem às prescrições legais ou regulamentares ou que contiverem matéria contrária aos bons costumes ou à ordem pública, bem como os que colidirem com o respectivo estatuto ou contrato não modificado anteriormente;

II – os documentos de constituição ou alteração de empresas mercantis de qualquer espécie ou modalidade em que figure como titular ou administrador pessoa que esteja condenada pela prática de crime cuja pena vede o acesso à atividade mercantil;

III – os atos constitutivos de empresas mercantis que, além das cláusulas exigidas em lei, não designarem o respectivo capital, bem como a declaração precisa de seu objeto, cuja indicação no nome empresarial é facultativa;

IV – a prorrogação do contrato social, depois de findo o prazo nele fixado;

V – os atos de empresas mercantis com nome idêntico ou semelhante a outro já existente;

VI – a alteração contratual, por deliberação majoritária do capital social, quando houver cláusula restritiva;

VII – os contratos sociais ou suas alterações em que haja incorporação de imóveis à sociedade, por instrumento particular, quando do instrumento não constar:

a) a descrição e identificação do imóvel, sua área, dados relativos à sua titulação, bem como o número da matrícula no registro imobiliário;

b) a outorga uxória ou marital, quando necessária;

Parágrafo único. O registro dos atos constitutivos e de suas alterações e extinções ocorrerá independentemente de autorização governamental prévia, e os órgãos públicos deverão ser informados pela Rede Nacional para a Simplificação do Registro e da Legalização de Empresas e Negócios (Redesim) a respeito dos registros sobre os quais manifestarem interesse. (Redação dada pela Lei n.º 13.874, de 2019)

SEÇÃO III
Da Ordem dos Serviços

Subseção I
Da Apresentação dos Atos e Arquivamento

Art. 36. Os documentos referidos no inciso II do art. 32 deverão ser apresentados a arquivamento na junta, dentro de 30 (trinta) dias contados de sua assinatura, a cuja data retroagirão os efeitos do arquivamento; fora desse prazo, o arquivamento só terá eficácia a partir do despacho que o conceder.

Art. 37. Instruirão obrigatoriamente os pedidos de arquivamento:

I – o instrumento original de constituição, modificação ou extinção de empresas mercantis, assinado pelo titular, pelos administradores, sócios ou seus procuradores;

II – declaração do titular ou administrador, firmada sob as penas da lei, de não estar impedido de exercer o comércio ou a administração de sociedade mercantil, em virtude de condenação criminal; (Redação dada pela Lei n.º 10.194, de 14.2.2001) (Vide Lei n.º 9.841, de 1999)

III – a ficha cadastral de acordo com o modelo aprovado pelo Departamento Nacional de Registro Empresarial e Integração; (Redação dada pela Lei n.º 13.833, de 2019)

IV – os comprovantes de pagamento dos preços dos serviços correspondentes;

V – a prova de identidade dos titulares e dos administradores da empresa mercantil.

Parágrafo único. Além dos referidos neste artigo, nenhum outro documento será exigido das firmas individuais e sociedades referidas nas alíneas a, b e d do inciso II – do art. 32.

Art. 38. Para cada empresa mercantil, a junta comercial organizará um prontuário com os respectivos documentos.

Subseção II
Das Autenticações

Art. 39. As juntas comerciais autenticarão:

I – os instrumentos de escrituração das empresas mercantis e dos agentes auxiliares do comércio;

II – as cópias dos documentos assentados.

Parágrafo único. Os instrumentos autenticados, não retirados no prazo de 30 (trinta) dias, contados da sua apresentação, poderão ser eliminados.

Art. 39-A. A autenticação dos documentos de empresas de qualquer porte realizada por meio de sistemas públicos eletrônicos dispensa qualquer outra. (Incluído pela Lei Complementar n.º 147, de 2014)

Art. 39-B. A comprovação da autenticação de documentos e da autoria de que trata esta Lei poderá ser realizada por meio eletrônico, na forma do regulamento. (Incluído pela Lei Complementar n.º 147, de 2014)

Subseção III
Do Exame das Formalidades

Art. 40. Todo ato, documento ou instrumento apresentado a arquivamento será objeto de exame do cumprimento das formalidades legais pela junta comercial.

§ 1º Verificada a existência de vício insanável, o requerimento será indeferido; quando for sanável, o processo será colocado em exigência.

§ 2º As exigências formuladas pela junta comercial deverão ser cumpridas em até 30 (trinta) dias, contados da data da ciência pelo interessado ou da publicação do despacho.

§ 3º O processo em exigência será entregue completo ao interessado; não devolvido no prazo previsto no parágrafo anterior, será considerado como novo pedido de arquivamento, sujeito ao pagamento dos preços dos serviços correspondentes.

Subseção IV
Do Processo Decisório

Art. 41. Estão sujeitos ao regime de decisão colegiada pelas juntas comerciais, na forma desta lei:

I – o arquivamento:

a) dos atos de constituição de sociedades anônimas; (Redação dada pela Lei n.º 13.874, de 2019)

b) dos atos referentes à transformação, incorporação, fusão e cisão de empresas mercantis;

c) dos atos de constituição e alterações de consórcio e de grupo de sociedades, conforme previsto na Lei n.º 6.404, de 15 de dezembro de 1976;

II – o julgamento do recurso previsto nesta lei.

Parágrafo único. Os pedidos de arquivamento de que trata o inciso I do caput deste artigo serão decididos no prazo de 5 (cinco) dias úteis, contado da data de seu recebimento, sob pena de os atos serem considerados arquivados, mediante provocação dos interessados, sem prejuízo do exame das formalidades legais pela procuradoria. (Incluído pela Lei n.º 13.874, de 2019)

Art. 42. Os atos próprios do Registro Público de Empresas Mercantis e Atividades Afins, não previstos no artigo anterior, serão objeto de decisão singular proferida pelo presidente da junta comercial, por vogal ou servidor que possua comprovados conhecimentos de Direito Comercial e de Registro de Empresas Mercantis.

§ 1º Os vogais e servidores habilitados a proferir decisões singulares serão designados pelo presidente da junta comercial. (Redação dada pela Lei n.º 13.874, de 2019)

§ 2º Os pedidos de arquivamento não previstos no inciso I – do caput do art. 41 desta Lei serão decididos no prazo de 2 (dois) dias úteis, contado da data de seu recebimento, sob pena de os atos serem considerados arquivados, mediante provocação dos interessados, sem prejuízo do exame das formalidades legais pela procuradoria. (Incluído pela Lei n.º 13.874, de 2019)

§ 3º O arquivamento dos atos constitutivos e de alterações não previstos no inciso I do caput do art. 41 desta Lei terá o registro deferido automaticamente caso cumpridos os requisitos de: (Incluído pela Lei n.º 13.874, de 2019)

I – aprovação da consulta prévia da viabilidade do nome empresarial e da viabilidade de localização, quando o ato exigir; e (Incluído pela Lei n.º 13.874, de 2019)

II – utilização pelo requerente do instrumento-padrão estabelecido pelo Departamento Nacional de Registro Empresarial e Integração (Drei) da Secretaria de Governo Digital da Secretaria Especial de Desburocratização, Gestão e Governo Digital do Ministério da Economia. (Incluído pela Lei n.º 13.874, de 2019)

§ 4º O arquivamento dos atos de extinção não previstos no inciso I – do caput do art. 41 desta Lei terá o registro deferido automaticamente no caso de utilização pelo requerente do instrumento-padrão estabelecido pelo Drei. (Incluído pela Lei n.º 13.874, de 2019)

§ 5º Nas hipóteses de que tratam os §§ 3º e 4º do caput deste artigo, a análise do cumprimento das formalidades legais será feita posteriormente, no prazo de 2 (dois) dias úteis, contado da data do deferimento automático do registro. (Incluído pela Lei n.º 13.874, de 2019)

§ 6º Após a análise de que trata o § 5º deste artigo, a identificação da existência de vício acarretará: (Incluído pela Lei n.º 13.874, de 2019)

I – o cancelamento do arquivamento, se o vício for insanável; ou (Incluído pela Lei n.º 13.874, de 2019)

II – a observação do procedimento estabelecido pelo Drei, se o vício for sanável. (Incluído pela Lei n.º 13.874, de 2019)

Art. 43. (Revogado pela Lei n.º 13.874, de 2019)

Subseção V
Do Processo Revisional

Art. 44. O processo revisional pertinente ao Registro Público de Empresas Mercantis e Atividades Afins dar-se-á mediante:

I – Pedido de Reconsideração;

II – Recurso ao Plenário;

III – Recurso ao Departamento Nacional de Registro Empresarial e Integração. (Redação dada pela Lei n.º 13.874, de 2019)

Art. 45. O Pedido de Reconsideração terá por objeto obter a revisão de despachos singulares ou de Turmas que formulem exigências para o deferimento do arquivamento e será apresentado no prazo para cumprimento da exigência para apreciação pela autoridade recorrida em 3 (três) dias úteis ou 5 (cinco) dias úteis, respectivamente. (Redação dada pela Lei n.º 11.598, de 2007)

Art. 46. Das decisões definitivas, singulares ou de turmas, cabe recurso ao plenário, que deverá ser decidido no prazo máximo de 30 (trinta) dias, a contar da data do recebimento da peça recursal, ouvida a procuradoria, no prazo de 10 (dez) dias, quando a mesma não for a recorrente.

Art. 47. Das decisões do plenário cabe recurso ao Departamento Nacional de Registro Empresarial e Integração como última instância administrativa. (Redação dada pela Lei n.º 13.874, de 2019)

Art. 48. Os recursos serão indeferidos liminarmente pelo presidente da junta quando assinados por procurador sem mandato ou, ainda, quando interpostos fora do prazo ou antes da decisão definitiva, devendo ser, em qualquer caso, anexados ao processo.

Art. 49. Os recursos de que trata esta lei não têm efeito suspensivo.

Art. 50. Todos os recursos previstos nesta lei deverão ser interpostos no prazo de 10 (dez) dias úteis, cuja fluência começa na data da intimação da parte ou da publicação do ato no órgão oficial de publicidade da junta comercial.

Art. 51. A procuradoria e as partes interessadas, quando for o caso, serão intimadas para, no mesmo prazo de 10 (dez) dias, oferecerem contrarrazões.

TÍTULO II
Das Disposições Finais e Transitórias

CAPÍTULO I
Das Disposições Finais

Art. 52. (Vetado).

Art. 53. As alterações contratuais ou estatutárias poderão ser efetivadas por escritura pública ou particular, independentemente da forma adotada no ato constitutivo.

Art. 54. A prova da publicidade de atos societários, quando exigida em lei, será feita mediante anotação nos registros da junta comercial à vista da apresentação da folha do Diário Oficial, em sua versão eletrônica, dispensada a juntada da mencionada folha. (Redação dada pela Lei n.º 13.874, de 2019)

Art. 55. Compete ao Departamento Nacional de Registro Empresarial e Integração propor a elaboração da tabela de preços dos serviços pertinentes ao Registro Público de Empresas Mercantis, na parte relativa aos atos de natureza federal, bem como especificar os atos a serem observados pelas juntas comerciais na elaboração de suas tabelas locais. (Redação dada pela Lei n.º 13.874, de 2019)

§ 1º As isenções de preços de serviços restringem-se aos casos previstos em lei. (Incluído pela Lei n.º 13.874, de 2019)

§ 2º É vedada a cobrança de preço pelo serviço de arquivamento dos documentos relativos à extinção do registro do empresário individual, da empresa individual de responsabilidade limitada (Eireli) e da sociedade limitada. (Incluído pela Lei n.º 13.874, de 2019)

Art. 56. Os documentos arquivados pelas juntas comerciais não serão retirados, em qualquer hipótese, de suas dependências, ressalvado o previsto no art. 58 desta lei.

Art. 57. Os atos de empresas, após microfilmados ou preservada a sua imagem por meios tecnológicos mais avançados, poderão ser devolvidos pelas juntas comerciais, conforme dispuser o regulamento.

Art. 58. Os processos em exigência e os documentos deferidos e com a imagem preservada postos à disposição dos interessados e não retirados em 60 (sessenta) dias da publicação do respectivo despacho poderão ser eliminados pelas juntas comerciais, exceto os contratos e suas alterações, que serão devolvidos aos interessados mediante recibo.

Art. 59. Expirado o prazo da sociedade celebrada por tempo determinado, esta perderá a proteção do seu nome empresarial.

Art. 60. A firma individual ou a sociedade que não proceder a qualquer arquivamento no período de dez anos consecutivos deverá comunicar à junta comercial que deseja manter-se em funcionamento.

§ 1º Na ausência dessa comunicação, a empresa mercantil será considerada inativa, promovendo a junta comercial o cancelamento do registro, com a perda automática da proteção ao nome empresarial.

§ 2º A empresa mercantil deverá ser notificada previamente pela junta comercial, mediante comunicação direta ou por edital, para os fins deste artigo.

§ 3º A junta comercial fará comunicação do cancelamento às autoridades arrecadadoras, no prazo de até dez dias.

§ 4º A reativação da empresa obedecerá aos mesmos procedimentos requeridos para sua constituição.

Art. 61. O fornecimento de informações cadastrais aos órgãos executores do Registro Público de Empresas Mercantis e Atividades Afins desobriga as firmas individuais e sociedades de prestarem idênticas informações a outros órgãos ou entidades das Administrações Federal, Estadual ou Municipal.

Parágrafo único. O Departamento Nacional de Registro Empresarial e Integração manterá à disposição dos órgãos ou das entidades de que trata este artigo os seus serviços de cadastramento de empresas mercantis. (Redação dada pela Lei n.º 13.833, de 2019)

Art. 63. Os atos levados a arquivamento nas juntas comerciais são dispensados de reconhecimento de firma, exceto quando se tratar de procuração.

§ 1º A cópia de documento, autenticada na forma prevista em lei, dispensará nova conferência com o documento original. (Incluído pela Lei n.º 13.874, de 2019)

§ 2º A autenticação do documento poderá ser realizada por meio de comparação entre o documento original e a sua cópia pelo servidor a quem o documento seja apresentado. (Incluído pela Lei n.º 13.874, de 2019)

§ 3º Fica dispensada a autenticação a que se refere o § 1º do caput deste artigo quando o advogado ou o contador da parte interessada declarar, sob sua responsabilidade pessoal, a autenticidade da cópia do documento. (Incluído pela Lei n.º 13.874, de 2019)

Art. 64. A certidão dos atos de constituição e de alteração de sociedades mercantis, passada pelas juntas comerciais em que foram arquivados, será o documento hábil para a transferência, por transcrição no registro público competente, dos bens com que o subscritor tiver contribuído para a formação ou aumento do capital social.

CAPÍTULO II
Das Disposições Transitórias

Art. 65. As juntas comerciais adaptarão os respectivos regimentos ou regulamentos às disposições desta Lei no prazo de 180 (cento e oitenta) dias.

Art. 65-A. Os atos de constituição, alteração, transformação, incorporação, fusão, cisão, dissolução e extinção de registro de empresários e de pessoas jurídicas poderão ser realizados também por meio de sistema eletrônico criado e mantido pela administração pública federal. (Incluído pela Lei n.º 13.874, de 2019)

Art. 66. (Vetado).

Art. 67. Esta lei será regulamentada pelo Poder Executivo no prazo de 90 (noventa) dias e entrará em vigor na data da sua publicação, revogadas as Leis n.ºs 4.726, de 13 de julho de 1965, 6.939, de 9 de setembro de 1981, 6.054, de 12 de junho de 1974, o § 4º do art. 71 da Lei n.º 4.215, de 27 de abril de 1963, acrescentado pela Lei n.º 6.884, de 9 de dezembro de 1980, e a Lei n.º 8.209, de 18 de julho de 1991.

Brasília, 18 de novembro de 1994; 173º da Independência e 106º da República.

ITAMAR FRANCO
Ciro Ferreira Gomes
Elcio Álvares

LEI N° 13.874, DE 20 DE SETEMBRO DE 2019

Institui a Declaração de Direitos de Liberdade Econômica; estabelece garantias de livre mercado; altera as Leis n ͏os 10.406, de 10 de janeiro de 2002 (Código Civil), 6.404, de 15 de dezembro de 11.598 ,1976, de 3 de dezembro de 12.682 ,2007, de 9 de julho de 6.015 ,2012, de 31 de dezembro de 10.522 ,1973, de 19 de julho de 8.934 ,2002, de 18 de novembro 1994, o Decreto-Lei n.° 9.760, de 5 de setembro de 1946 e a Consolidação das Leis do Trabalho, aprovada pelo Decreto-Lei n.° 5.452, de 1° de maio de 1943; revoga aLei Delegada n.° 4, de 26 de setembro de 1962, a Lei n.° 11.887, de 24 de dezembro de 2008, e dispositivos do Dep creto-Lei n.° 73, de 21 de novembro de 1966; e dá outras providências.

O PRESIDENTE DA REPÚBLICA Faço saber que o Congresso Nacional decreta e eu sanciono a seguinte Lei:

CAPÍTULO I
DISPOSIÇÕES GERAIS

Art. 1° Fica instituída a Declaração de Direitos de Liberdade Econômica, que estabelece normas de proteção à livre iniciativa e ao livre exercício de atividade econômica e disposições sobre a atuação do Estado como agente normativo e regulador, nos termos do inciso IV do caput do art. 1°, do parágrafo único do art. 170 e do caput do art. 174 da Constituição Federal.

§ 1° O disposto nesta Lei será observado na aplicação e na interpretação do direito civil, empresarial, econômico, urbanístico e do trabalho nas relações jurídicas que se encontrem no seu âmbito de aplicação e na ordenação pública, inclusive sobre exercício das profissões, comércio, juntas comerciais, registros públicos, trânsito, transporte e proteção ao meio ambiente.

§ 2° Interpretam-se em favor da liberdade econômica, da boa-fé e do respeito aos contratos, aos investimentos e à propriedade todas as normas de ordenação pública sobre atividades econômicas privadas.

§ 3° O disposto nos arts. 1°, 2°, 3° e 4° desta Lei não se aplica ao direito tributário e ao direito financeiro, ressalvado o inciso X do caput do art. 3°.

§ 4° O disposto nos arts. 1°, 2°, 3° e 4° desta Lei constitui norma geral de direito econômico, conforme o disposto no inciso I do caput e nos §§ 1°, 2°, 3° e 4° do art. 24 da Constituição Federal, e será observado para todos os atos públicos de liberação da atividade econômica executados pelos Estados, pelo Distrito Federal e pelos Municípios, nos termos do § 2° deste artigo.

§ 5° O disposto no inciso IX do caput do art. 3° desta Lei não se aplica aos Estados, ao Distrito Federal e aos Municípios, exceto se:

Capítulo V – Legislação atualizada em destaque 171

I – o ato público de liberação da atividade econômica for derivado ou delegado por legislação ordinária federal; ou

II – o ente federativo ou o órgão responsável pelo ato decidir vincular-se ao disposto no inciso IX do caput do art. 3º desta Lei por meio de instrumento válido e próprio.

§ 6º Para fins do disposto nesta Lei, consideram-se atos públicos de liberação a licença, a autorização, a concessão, a inscrição, a permissão, o alvará, o cadastro, o credenciamento, o estudo, o plano, o registro e os demais atos exigidos, sob qualquer denominação, por órgão ou entidade da administração pública na aplicação de legislação, como condição para o exercício de atividade econômica, inclusive o início, a continuação e o fim para a instalação, a construção, a operação, a produção, o funcionamento, o uso, o exercício ou a realização, no âmbito público ou privado, de atividade, serviço, estabelecimento, profissão, instalação, operação, produto, equipamento, veículo, edificação e outros.

Art. 2º São princípios que norteiam o disposto nesta Lei:

I – a liberdade como uma garantia no exercício de atividades econômicas;

II – a boa-fé do particular perante o poder público;

III – a intervenção subsidiária e excepcional do Estado sobre o exercício de atividades econômicas; e

IV – o reconhecimento da vulnerabilidade do particular perante o Estado.

Parágrafo único. Regulamento disporá sobre os critérios de aferição para afastamento do inciso IV do caput deste artigo, limitados a questões de má-fé, hipersuficiência ou reincidência.

CAPÍTULO II
DA DECLARAÇÃO DE DIREITOS DE LIBERDADE ECONÔMICA

Art. 3º São direitos de toda pessoa, natural ou jurídica, essenciais para o desenvolvimento e o crescimento econômicos do país, observado o disposto no parágrafo único do art. 170 da Constituição Federal:

I – desenvolver atividade econômica de baixo risco, para a qual se valha exclusivamente de propriedade privada própria ou de terceiros consensuais, sem a necessidade de quaisquer atos públicos de liberação da atividade econômica;

II – desenvolver atividade econômica em qualquer horário ou dia da semana, inclusive feriados, sem que para isso esteja sujeita a cobranças ou encargos adicionais, observadas:

a) as normas de proteção ao meio ambiente, incluídas as de repressão à poluição sonora e à perturbação do sossego público;

b) as restrições advindas de contrato, de regulamento condominial ou de outro negócio jurídico, bem como as decorrentes das normas de direito real, incluídas as de direito de vizinhança; e

c) a legislação trabalhista;

III – definir livremente, em mercados não regulados, o preço de produtos e de serviços como consequência de alterações da oferta e da demanda;

IV receber tratamento isonômico de órgãos e de entidades da administração pública quanto ao exercício de atos de liberação da atividade econômica, hipótese em que o ato de liberação estará vinculado aos mesmos critérios de interpretação adotados em decisões administrativas análogas anteriores, observado o disposto em regulamento;

V gozar de presunção de boa-fé nos atos praticados no exercício da atividade econômica, para os quais as dúvidas de interpretação do direito civil, empresarial, econômico e urbanístico serão resolvidas de forma a preservar a autonomia privada, exceto se houver expressa disposição legal em contrário;

VI – desenvolver, executar, operar ou comercializar novas modalidades de produtos e de serviços quando as normas infralegais se tornarem desatualizadas por força de desenvolvimento tecnológico consolidado internacionalmente, nos termos estabelecidos em regulamento, que disciplinará os requisitos para aferição da situação concreta, os procedimentos, o momento e as condições dos efeitos;

VII – (VETADO);

VIII – ter a garantia de que os negócios jurídicos empresariais paritários serão objeto de livre estipulação das partes pactuantes, de forma a aplicar todas as regras de direito empresarial apenas de maneira subsidiária ao avençado, exceto normas de ordem pública;

IX – ter a garantia de que, nas solicitações de atos públicos de liberação da atividade econômica que se sujeitam ao disposto nesta Lei, apresentados todos os elementos necessários à instrução do processo, o particular será cientificado expressa e imediatamente do prazo máximo estipulado para a análise de seu pedido e de que, transcorrido o prazo fixado, o silêncio da autoridade competente importará aprovação tácita para todos os efeitos, ressalvadas as hipóteses expressamente vedadas em lei;

X – arquivar qualquer documento por meio de microfilme ou por meio digital, conforme técnica e requisitos estabelecidos em regulamento, hipótese em que se equiparará a documento físico para todos os efeitos legais e para a comprovação de qualquer ato de direito público;

Capítulo V – Legislação atualizada em destaque

XI – não ser exigida medida ou prestação compensatória ou mitigatória abusiva, em sede de estudos de impacto ou outras liberações de atividade econômica no direito urbanístico, entendida como aquela que:

a) (VETADO);

b) requeira medida que já era planejada para execução antes da solicitação pelo particular, sem que a atividade econômica altere a demanda para execução da referida medida;

c) utilize-se do particular para realizar execuções que compensem impactos que existiriam independentemente do empreendimento ou da atividade econômica solicitada;

d) requeira a execução ou prestação de qualquer tipo para áreas ou situação além daquelas diretamente impactadas pela atividade econômica; ou

e) mostre-se sem razoabilidade ou desproporcional, inclusive utilizada como meio de coação ou intimidação; e

XII – não ser exigida pela administração pública direta ou indireta certidão sem previsão expressa em lei.

§ 1º Para fins do disposto no inciso I do caput deste artigo:

I – ato do Poder Executivo federal disporá sobre a classificação de atividades de baixo risco a ser observada na ausência de legislação estadual, distrital ou municipal específica;

II – na hipótese de ausência de ato do Poder Executivo federal de que trata o inciso I – deste parágrafo, será aplicada resolução do Comitê para Gestão da Rede Nacional para a Simplificação do Registro e da Legalização de Empresas e Negócios (CGSIM), independentemente da aderência do ente federativo à Rede Nacional para a Simplificação do Registro e da Legalização de Empresas e Negócios (Redesim); e

III – na hipótese de existência de legislação estadual, distrital ou municipal sobre a classificação de atividades de baixo risco, o ente federativo que editar ou tiver editado norma específica encaminhará notificação ao Ministério da Economia sobre a edição de sua norma.

§ 2º A fiscalização do exercício do direito de que trata o inciso I – do caput deste artigo será realizada posteriormente, de ofício ou como consequência de denúncia encaminhada à autoridade competente.

§ 3º O disposto no inciso III – do caput deste artigo não se aplica:

I – às situações em que o preço de produtos e de serviços seja utilizado com a finalidade de reduzir o valor do tributo, de postergar a sua arrecadação ou de remeter lucros em forma de custos ao exterior; e

II – à legislação de defesa da concorrência, aos direitos do consumidor e às demais disposições protegidas por Lei federal.

§ 4º Para fins do disposto no inciso VII – do caput deste artigo, entende-se como restrito o grupo cuja quantidade de integrantes não seja superior aos limites específicos estabelecidos para a prática da modalidade de implementação, teste ou oferta, conforme estabelecido em portaria do Secretário Especial de Produtividade, Emprego e Competitividade do Ministério da Economia.

§ 5º O disposto no inciso VIII – do caput deste artigo não se aplica à empresa pública e à sociedade de economia mista definidas nos arts. 3º e 4º da Lei n.º 13.303, de 30 de junho de 2016.

§ 6º O disposto no inciso IX do caput deste artigo não se aplica quando:

I – versar sobre questões tributárias de qualquer espécie ou de concessão de registro de marcas;

II – a decisão importar em compromisso financeiro da administração pública; e

III – houver objeção expressa em tratado em vigor no país.

§ 7º A aprovação tácita prevista no inciso IX do caput deste artigo não se aplica quando a titularidade da solicitação for de agente público ou de seu cônjuge, companheiro ou parente em linha reta ou colateral, por consanguinidade ou afinidade, até o 3º (terceiro) grau, dirigida a autoridade administrativa ou política do próprio órgão ou entidade da administração pública em que desenvolva suas atividades funcionais.

§ 8º O prazo a que se refere o inciso IX do caput deste artigo será definido pelo órgão ou pela entidade da administração pública solicitada, observados os princípios da impessoalidade e da eficiência e os limites máximos estabelecidos em regulamento.

§ 9º (VETADO).

§ 10. O disposto no inciso XI – do caput deste artigo não se aplica às situações de acordo resultantes de ilicitude.

§ 11. Para os fins do inciso XII – do caput deste artigo, é ilegal delimitar prazo de validade de certidão emitida sobre fato imutável, inclusive sobre óbito.

CAPÍTULO III
DAS GARANTIAS DE LIVRE INICIATIVA

Art. 4º É dever da administração pública e das demais entidades que se vinculam a esta Lei, no exercício de regulamentação de norma pública pertencente à legislação sobre a qual esta Lei versa, exceto se em estrito cumprimento a previsão explícita em lei, evitar o abuso do poder regulatório de maneira a, indevidamente:

I – criar reserva de mercado ao favorecer, na regulação, grupo econômico, ou profissional, em prejuízo dos demais concorrentes;

II – redigir enunciados que impeçam a entrada de novos competidores nacionais ou estrangeiros no mercado;

III – exigir especificação técnica que não seja necessária para atingir o fim desejado;

IV redigir enunciados que impeçam ou retardem a inovação e a adoção de novas tecnologias, processos ou modelos de negócios, ressalvadas as situações consideradas em regulamento como de alto risco;

V – aumentar os custos de transação sem demonstração de benefícios;

VI – criar demanda artificial ou compulsória de produto, serviço ou atividade profissional, inclusive de uso de cartórios, registros ou cadastros;

VII – introduzir limites à livre formação de sociedades empresariais ou de atividades econômicas;

VIII – restringir o uso e o exercício da publicidade e propaganda sobre um setor econômico, ressalvadas as hipóteses expressamente vedadas em lei federal; e

IX – exigir, sob o pretexto de inscrição tributária, requerimentos de outra natureza de maneira a mitigar os efeitos do inciso I do caput do art. 3º desta Lei.

CAPÍTULO IV
DA ANÁLISE DE IMPACTO REGULATÓRIO

Art. 5º As propostas de edição e de alteração de atos normativos de interesse geral de agentes econômicos ou de usuários dos serviços prestados, editadas por órgão ou entidade da administração pública federal, incluídas as autarquias e as fundações públicas, serão precedidas da realização de análise de impacto regulatório, que conterá informações e dados sobre os possíveis efeitos do ato normativo para verificar a razoabilidade do seu impacto econômico.

Parágrafo único. Regulamento disporá sobre a data de início da exigência de que trata o caput deste artigo e sobre o conteúdo, a metodologia da análise de impacto regulatório, os quesitos mínimos a serem objeto de exame, as hipóteses em que será obrigatória sua realização e as hipóteses em que poderá ser dispensada.

CAPÍTULO V
DAS ALTERAÇÕES LEGISLATIVAS E DISPOSIÇÕES FINAIS

Art. 6º Fica extinto o Fundo Soberano do Brasil (FSB), fundo especial de natureza contábil e financeira, vinculado ao Ministério da Economia, criado pela Lei n.º 11.887, de 24 de dezembro de 2008.

Art. 7º A Lei n.º 10.406, de 10 de janeiro de 2002 (Código Civil), passa a vigorar com as seguintes alterações:

Art. 49-A. A pessoa jurídica não se confunde com os seus sócios, associados, instituidores ou administradores.

Parágrafo único. A autonomia patrimonial das pessoas jurídicas é um instrumento lícito de alocação e segregação de riscos, estabelecido pela lei com a finalidade de estimular empreendimentos, para a geração de empregos, tributo, renda e inovação em benefício de todos.

Art. 50. Em caso de abuso da personalidade jurídica, caracterizado pelo desvio de finalidade ou pela confusão patrimonial, pode o juiz, a requerimento da parte, ou do Ministério Público quando lhe couber intervir no processo, desconsiderá-la para que os efeitos de certas e determinadas relações de obrigações sejam estendidos aos bens particulares de administradores ou de sócios da pessoa jurídica beneficiados direta ou indiretamente pelo abuso.

§ 1º Para os fins do disposto neste artigo, desvio de finalidade é a utilização da pessoa jurídica com o propósito de lesar credores e para a prática de atos ilícitos de qualquer natureza.

§ 2º Entende-se por confusão patrimonial a ausência de separação de fato entre os patrimônios, caracterizada por:

I – cumprimento repetitivo pela sociedade de obrigações do sócio ou do administrador ou vice-versa;

II – transferência de ativos ou de passivos sem efetivas contraprestações, exceto os de valor proporcionalmente insignificante; e

III – outros atos de descumprimento da autonomia patrimonial.

§ 3º O disposto no caput e nos §§ 1º e 2º deste artigo também se aplica à extensão das obrigações de sócios ou de administradores à pessoa jurídica.

§ 4º A mera existência de grupo econômico sem a presença dos requisitos de que trata o caput deste artigo não autoriza a desconsideração da personalidade da pessoa jurídica.

§ 5º Não constitui – desvio de finalidade a mera expansão ou a alteração da finalidade original da atividade econômica específica da pessoa jurídica. (NR)

Art. 113. ....

§ 1º A interpretação do negócio jurídico deve lhe atribuir o sentido que:

I – for confirmado pelo comportamento das partes posterior à celebração do negócio;

II – corresponder aos usos, costumes e práticas do mercado relativas ao tipo de negócio;

III – corresponder à boa-fé;

IV – for mais benéfico à parte que não redigiu o dispositivo, se identificável; e

V – corresponder a qual seria a razoável negociação das partes sobre a questão discutida, inferida das demais disposições do negócio e da racionalidade econômica das partes, consideradas as informações disponíveis no momento de sua celebração.

§ 2º As partes poderão livremente pactuar regras de interpretação, de preenchimento de lacunas e de integração dos negócios jurídicos diversas daquelas previstas em lei. (NR)

Art. 421. A liberdade contratual será exercida nos limites da função social do contrato.

Parágrafo único. Nas relações contratuais privadas, prevalecerão o princípio da intervenção mínima e a excepcionalidade da revisão contratual. (NR)

"Art. 421-A. Os contratos civis e empresariais presumem-se paritários e simétricos até a presença de elementos concretos que justifiquem o afastamento dessa presunção, ressalvados os regimes jurídicos previstos em leis especiais, garantido também que:

I – as partes negociantes poderão estabelecer parâmetros objetivos para a interpretação das cláusulas negociais e de seus pressupostos de revisão ou de resolução;

II – a alocação de riscos definida pelas partes deve ser respeitada e observada; e

III – a revisão contratual somente ocorrerá de maneira excepcional e limitada.

Art. 980-A. ....

....

§ 7º Somente o patrimônio social da empresa responderá pelas dívidas da empresa individual de responsabilidade limitada, hipótese em que não se confundirá, em qualquer situação, com o patrimônio do titular que a constitui, ressalvados os casos de fraude. (NR)

Art. 1.052. ....

§ 1º A sociedade limitada pode ser constituída por 1 (uma) ou mais pessoas.

§ 2º Se for unipessoal, aplicar-se-ão ao documento de constituição do sócio único, no que couber, as disposições sobre o contrato social. (NR)

CAPÍTULO X
DO FUNDO DE INVESTIMENTO

Art. 1.368-C. O fundo de investimento é uma comunhão de recursos, constituído sob a forma de condomínio de natureza especial, destinado à aplicação em ativos financeiros, bens e direitos de qualquer natureza.

§ 1º Não se aplicam ao fundo de investimento as disposições constantes dos arts. 1.314 ao 1.358-A deste Código.

§ 2º Competirá à Comissão de Valores Mobiliários disciplinar o disposto no caput deste artigo.

§ 3º O registro dos regulamentos dos fundos de investimentos na Comissão de Valores Mobiliários é condição suficiente para garantir a sua publicidade e a oponibilidade de efeitos em relação a terceiros.

Art. 1.368-D. O regulamento do fundo de investimento poderá, observado o disposto na regulamentação a que se refere o § 2º do art. 1.368-C desta Lei, estabelecer:

I – a limitação da responsabilidade de cada investidor ao valor de suas cotas;

II – a limitação da responsabilidade, bem como parâmetros de sua aferição, dos prestadores de serviços do fundo de investimento, perante o condomínio e entre si, ao cumprimento dos deveres particulares de cada um, sem solidariedade; e

III – classes de cotas com direitos e obrigações distintos, com possibilidade de constituir patrimônio segregado para cada classe.

§ 1º A adoção da responsabilidade limitada por fundo de investimento constituído sem a limitação de responsabilidade somente abrangerá fatos ocorridos após a respectiva mudança em seu regulamento.

§ 2º A avaliação de responsabilidade dos prestadores de serviço deverá levar sempre em consideração os riscos inerentes às aplicações nos mercados de atuação do fundo de investimento e a natureza de obrigação de meio de seus serviços.

§ 3º O patrimônio segregado referido no inciso III – do caput deste artigo só responderá por obrigações vinculadas à classe respectiva, nos termos do regulamento.

Art. 1.368-E. Os fundos de investimento respondem diretamente pelas obrigações legais e contratuais por eles assumidas, e os prestadores de serviço não respondem por essas obrigações, mas respondem pelos prejuízos que causarem quando procederem com dolo ou má-fé.

§ 1º Se o fundo de investimento com limitação de responsabilidade não possuir patrimônio suficiente para responder por suas dívidas, aplicam-se as regras de insolvência previstas nos arts. 955 a 965 deste Código.

§ 2º A insolvência pode ser requerida judicialmente por credores, por deliberação própria dos cotistas do fundo de investimento, nos termos de seu regulamento, ou pela Comissão de Valores Mobiliários.

Art. 1.368-F. O fundo de investimento constituído por lei específica e regulamentado pela Comissão de Valores Mobiliários deverá, no que couber, seguir as disposições deste Capítulo.

Art. 8º O art. 85 da Lei n.º 6.404, de 15 de dezembro de 1976, passa a vigorar com as seguintes alterações:

Art. 85. ....

§ 1º A subscrição poderá ser feita, nas condições previstas no prospecto, por carta à instituição, acompanhada das declarações a que se refere este artigo e do pagamento da entrada.

§ 2º Será dispensada a assinatura de lista ou de boletim a que se refere o caput deste artigo na hipótese de oferta pública cuja liquidação ocorra por meio de sistema administrado por entidade administradora de mercados organizados de valores mobiliários. (NR)

Art. 9º O art. 4º da Lei n.º 11.598, de 3 de dezembro de 2007, passa a vigorar acrescido do seguinte § 5º:

Art. 4º ....

§ 5º Ato do Poder Executivo federal disporá sobre a classificação mínima de atividades de baixo risco, válida para todos os integrantes da Redesim, observada a Classificação Nacional de Atividades Econômicas, hipótese em que a autodeclaração de enquadramento será requerimento suficiente, até que seja apresentada prova em contrário. (NR)

Art. 10. A Lei n.º 12.682, de 9 de julho de 2012, passa a vigorar acrescida do seguinte art. 2º-A:

Art. 2º A. Fica autorizado o armazenamento, em meio eletrônico, óptico ou equivalente, de documentos públicos ou privados, compostos por dados ou por imagens, observado o disposto nesta Lei, nas legislações específicas e no regulamento.

§ 1º Após a digitalização, constatada a integridade do documento digital nos termos estabelecidos no regulamento, o original poderá ser destruído, ressalvados os documentos de valor histórico, cuja preservação observará o disposto na legislação específica.

§ 2º O documento digital e a sua reprodução, em qualquer meio, realizada de acordo com o disposto nesta Lei e na legislação específica, terão o mesmo valor probatório do documento original, para todos os fins de direito, inclusive para atender ao poder fiscalizatório do Estado.

§ 3º Decorridos os respectivos prazos de decadência ou de prescrição, os documentos armazenados em meio eletrônico, óptico ou equivalente poderão ser eliminados.

§ 4º Os documentos digitalizados conforme o disposto neste artigo terão o mesmo efeito jurídico conferido aos documentos microfilmados, nos termos da Lei n.º 5.433, de 8 de maio de 1968, e de regulamentação posterior.

§ 5º Ato do Secretário de Governo Digital da Secretaria Especial de Desburocratização, Gestão e Governo Digital do Ministério da Economia estabelecerá os documentos cuja reprodução conterá código de autenticação verificável.

§ 6º Ato do Conselho Monetário Nacional disporá sobre o cumprimento do disposto no § 1º deste artigo, relativamente aos documentos referentes a operações e transações realizadas no sistema financeiro nacional.

§ 7º É lícita a reprodução de documento digital, em papel ou em qualquer outro meio físico, que contiver mecanismo de verificação de integridade e autenticidade, na maneira e com a técnica definidas pelo mercado, e cabe ao particular o ônus de demonstrar integralmente a presença de tais requisitos.

§ 8º Para a garantia de preservação da integridade, da autenticidade e da confidencialidade de documentos públicos será usada certificação digital no padrão da Infraestrutura de Chaves Públicas Brasileira (ICP-Brasil).

Art. 11. O Decreto-Lei n.º 9.760, de 5 de setembro de 1946, passa a vigorar com as seguintes alterações:

Art. 14. Da decisão proferida pelo Secretário de Coordenação e Governança do Patrimônio da União da Secretaria Especial de Desestatização, Desinvestimento e Mercados do Ministério da Economia será dado conhecimento aos recorrentes que, no prazo de 20 (vinte) dias, contado da data de sua ciência, poderão interpor recurso, sem efeito suspensivo, dirigido ao superior hierárquico, em última instância. (NR)

Art. 100. ....

§ 5º Considerada improcedente a impugnação, a autoridade submeterá o recurso à autoridade superior, nos termos estabelecidos em regulamento.

.... (NR)

Art. 216. O Ministro de Estado da Economia, diretamente ou por ato do Secretário Especial de Desestatização, Desinvestimento e Mercados do Ministério da Economia, ouvido previamente o Secretário de Coordenação e Governança do Patrimônio da União, editará os atos necessários à execução do disposto neste Decreto-Lei. (NR)

Art. 12. O art. 1º da Lei n.º 6.015, de 31 de dezembro de 1973, passa a vigorar acrescido do seguinte § 3º:

Art. 1º ....

§ 3º Os registros poderão ser escriturados, publicitados e conservados em meio eletrônico, obedecidos os padrões tecnológicos estabelecidos em regulamento. (NR)

Art. 13. A Lei n.º 10.522, de 19 de julho de 2002, passa a vigorar com as seguintes alterações:

Art. 18-A. Comitê formado de integrantes do Conselho Administrativo de Recursos Fiscais, da Secretaria Especial da Receita Federal do Brasil do Ministério da Economia e da Procuradoria-Geral da Fazenda Nacional editará enunciados de súmula da administração tributária federal, conforme o disposto em ato do Ministro de Estado da Economia, que deverão ser observados nos atos administrativos, normativos e decisórios praticados pelos referidos órgãos.

Art. 19. Fica a Procuradoria-Geral da Fazenda Nacional dispensada de contestar, de oferecer contrarrazões e de interpor recursos, e fica autorizada a desistir de recursos já interpostos, desde que inexista outro fundamento relevante, na hipótese em que a ação ou a decisão judicial ou administrativa versar sobre:

....

II – tema que seja objeto de parecer, vigente e aprovado, pelo Procurador-Geral da Fazenda Nacional, que conclua no mesmo sentido do pleito do particular;

....

IV – tema sobre o qual exista súmula ou parecer do Advogado-Geral da União que conclua no mesmo sentido do pleito do particular;

V – tema fundado em dispositivo legal que tenha sido declarado inconstitucional pelo Supremo Tribunal Federal em sede de controle difuso e tenha tido sua execução suspensa por resolução do Senado Federal, ou tema sobre o qual exista enunciado de súmula vinculante ou que tenha sido definido pelo Supremo Tribunal Federal em sentido desfavorável à Fazenda Nacional em sede de controle concentrado de constitucionalidade;

VI – tema decidido pelo Supremo Tribunal Federal, em matéria constitucional, ou pelo Superior Tribunal de Justiça, pelo Tribunal Superior do Trabalho, pelo Tribunal Superior Eleitoral ou pela Turma Nacional de Uniformização de Jurisprudência, no âmbito de suas competências, quando:

a) for definido em sede de repercussão geral ou recurso repetitivo; ou

b) não houver viabilidade de reversão da tese firmada em sentido desfavorável à Fazenda Nacional, conforme critérios definidos em ato do Procurador-Geral da Fazenda Nacional; e

VII – tema que seja objeto de súmula da administração tributária federal de que trata o art. 18-A desta Lei.

....

§ 3º (Revogado);

§ 4º (Revogado);

§ 5º (Revogado);

....

§ 7º (Revogado);

§ 8º O parecer da Procuradoria-Geral da Fazenda Nacional que examina a juridicidade de proposições normativas não se enquadra no disposto no inciso II – do caput deste artigo.

§ 9º A dispensa de que tratam os incisos V e VI – do caput deste artigo poderá ser estendida a tema não abrangido pelo julgado, quando a ele forem aplicáveis os fundamentos determinantes extraídos do julgamento paradigma ou da jurisprudência consolidada, desde que inexista outro fundamento relevante que justifique a impugnação em juízo.

§ 10. O disposto neste artigo estende-se, no que couber, aos demais meios de impugnação às decisões judiciais.

§ 11. O disposto neste artigo aplica-se a todas as causas em que as unidades da Procuradoria-Geral da Fazenda Nacional devam atuar na qualidade de representante judicial ou de autoridade coatora.

§ 12. Os órgãos do Poder Judiciário e as unidades da Procuradoria-Geral da Fazenda Nacional poderão, de comum acordo, realizar mutirões para análise do enquadramento de processos ou de recursos nas hipóteses previstas neste artigo e celebrar negócios processuais com fundamento no disposto no art. 190 da Lei n.º 13.105, de 16 de março de 2015 (Código de Processo Civil).

§ 13. Sem prejuízo do disposto no § 12 deste artigo, a Procuradoria-Geral da Fazenda Nacional regulamentará a celebração de negócios jurídicos processuais em seu âmbito de atuação, inclusive na cobrança administrativa ou judicial da dívida ativa da União. (NR)

Art. 19-A. Os Auditores-Fiscais da Secretaria Especial da Receita Federal do Brasil não constituirão os créditos tributários relativos aos temas de que trata o art. 19 desta Lei, observado:

I – o disposto no parecer a que se refere o inciso II – do caput do art. 19 desta Lei, que será aprovado na forma do art. 42 da Lei Complementar n.º 73, de 10 de fevereiro de 1993, ou que terá concordância com a sua aplicação pela Secretaria Especial da Receita Federal do Brasil do Ministério da Economia;

II – o parecer a que se refere o inciso IV do caput do art. 19 desta Lei, que será aprovado na forma do disposto no art. 40 da Lei Complementar n.º 73, de 10 de fevereiro de 1993, ou que, quando não aprovado por despacho do Presidente da República, terá concordância com a sua aplicação pelo Ministro de Estado da Economia; ou

III – nas hipóteses de que tratam o inciso VI do caput e o § 9º do art. 19 desta Lei, a Procuradoria-Geral da Fazenda Nacional deverá manifestar-se sobre as matérias abrangidas por esses dispositivos.

§ 1º Os Auditores-Fiscais da Secretaria Especial da Receita Federal do Brasil do Ministério da Economia adotarão, em suas decisões, o entendimento a que estiverem vinculados, inclusive para fins de revisão de ofício do lançamento e de repetição de indébito administrativa.

§ 2º O disposto neste artigo aplica-se, no que couber, aos responsáveis pela retenção de tributos e, ao emitirem laudos periciais para atestar a existência de condições que gerem isenção de tributos, aos serviços médicos oficiais.

Art. 19-B. Os demais órgãos da administração pública que administrem créditos tributários e não tributários passíveis de inscrição e de cobrança pela Procuradoria-Geral da Fazenda Nacional encontram-se dispensados de constituir e de promover a cobrança com fundamento nas hipóteses de dispensa de que trata o art. 19 desta Lei.

Parágrafo único. A aplicação do disposto no caput deste artigo observará, no que couber, as disposições do art. 19-A desta Lei.

Art. 19-C. A Procuradoria-Geral da Fazenda Nacional poderá dispensar a prática de atos processuais, inclusive a desistência de recursos interpostos, quando o benefício patrimonial almejado com o ato não atender aos critérios de racionalidade, de economicidade e de eficiência.

§ 1º O disposto no caput deste artigo inclui o estabelecimento de parâmetros de valor para a dispensa da prática de atos processuais.

§ 2º A aplicação do disposto neste artigo não implicará o reconhecimento da procedência do pedido formulado pelo autor.

§ 3º O disposto neste artigo aplica-se, inclusive, à atuação da Procuradoria--Geral da Fazenda Nacional, no âmbito do contencioso administrativo fiscal."

Art. 19-D. À Procuradoria-Geral da União, à Procuradoria-Geral Federal e à Procuradoria-Geral do Banco Central do Brasil aplica-se, no que couber, o disposto nos arts. 19, 19-B e 19-C desta Lei, sem prejuízo do disposto na Lei n.º 9.469, de 10 de julho de 1997.

§ 1º Aos órgãos da administração pública federal direta, representados pela Procuradoria-Geral da União, e às autarquias e fundações públicas, representadas pela Procuradoria-Geral Federal ou pela Procuradoria-Geral do Banco Central do Brasil, aplica-se, no que couber, o disposto no art. 19-B desta Lei.

§ 2º Ato do Advogado-Geral da União disciplinará o disposto neste artigo.

Art. 20. Serão arquivados, sem baixa na distribuição, por meio de requerimento do Procurador da Fazenda Nacional, os autos das execuções fiscais de débitos inscritos em dívida ativa da União pela Procuradoria-Geral da Fazenda Nacional ou por ela cobrados, de valor consolidado igual ou inferior àquele estabelecido em ato do Procurador-Geral da Fazenda Nacional.

.... (NR)

Art. 14. A Lei n.º 8.934, de 18 de novembro de 1994, passa a vigorar com as seguintes alterações:

Art. 4º O Departamento Nacional de Registro Empresarial e Integração (Drei) da Secretaria de Governo Digital da Secretaria Especial de Desburocratização, Gestão e Governo Digital do Ministério da Economia tem por finalidade:

....

Parágrafo único. O cadastro nacional a que se refere o inciso IX do caput deste artigo será mantido com as informações originárias do cadastro estadual de empresas, vedados a exigência de preenchimento de formulário pelo empresário ou o fornecimento de novos dados ou informações, bem como a cobrança de preço pela inclusão das informações no cadastro nacional. (NR)

Art. 31. Os atos decisórios serão publicados em sítio da rede mundial de computadores da junta comercial do respectivo ente federativo. (NR)

Art. 32. ....

§ 1º Os atos, os documentos e as declarações que contenham informações meramente cadastrais serão levados automaticamente a registro se puderem ser obtidos de outras bases de dados disponíveis em órgãos públicos.

§ 2º Ato do Departamento Nacional de Registro Empresarial e Integração definirá os atos, os documentos e as declarações que contenham informações meramente cadastrais. (NR)

Art. 35. ....

VIII – (revogado).

Parágrafo único. O registro dos atos constitutivos e de suas alterações e extinções ocorrerá independentemente de autorização governamental prévia, e os órgãos públicos deverão ser informados pela Rede Nacional para a Simplificação do Registro e da Legalização de Empresas e Negócios (Redesim) a respeito dos registros sobre os quais manifestarem interesse. (NR)

Art. 41. ....

I ....

a) dos atos de constituição de sociedades anônimas;

....

Parágrafo único. Os pedidos de arquivamento de que trata o inciso I do caput deste artigo serão decididos no prazo de 5 (cinco) dias úteis, contado da data de seu recebimento, sob pena de os atos serem considerados arquivados, mediante provocação dos interessados, sem prejuízo do exame das formalidades legais pela procuradoria. (NR)

Art. 42. ....

§ 1° ....

§ 2° Os pedidos de arquivamento não previstos no inciso I do caput do art. 41 desta Lei serão decididos no prazo de 2 (dois) dias úteis, contado da data de seu recebimento, sob pena de os atos serem considerados arquivados, mediante provocação dos interessados, sem prejuízo do exame das formalidades legais pela procuradoria.

§ 3° O arquivamento dos atos constitutivos e de alterações não previstos no inciso I do caput do art. 41 desta Lei terá o registro deferido automaticamente caso cumpridos os requisitos de:

I – aprovação da consulta prévia da viabilidade do nome empresarial e da viabilidade de localização, quando o ato exigir; e

II – utilização pelo requerente do instrumento-padrão estabelecido pelo Departamento Nacional de Registro Empresarial e Integração (Drei) da Secretaria de Governo Digital da Secretaria Especial de Desburocratização, Gestão e Governo Digital do Ministério da Economia.

§ 4° O arquivamento dos atos de extinção não previstos no inciso I do caput do art. 41 desta Lei terá o registro deferido automaticamente no caso de utilização pelo requerente do instrumento-padrão estabelecido pelo Drei.

§ 5° Nas hipóteses de que tratam os §§ 3° e 4° do caput deste artigo, a análise do cumprimento das formalidades legais será feita posteriormente, no prazo de 2 (dois) dias úteis, contado da data do deferimento automático do registro.

§ 6º Após a análise de que trata o § 5º deste artigo, a identificação da existência de vício acarretará:

I – o cancelamento do arquivamento, se o vício for insanável; ou

II – a observação do procedimento estabelecido pelo Drei, se o vício for sanável. (NR)

Art. 44. ....
....

III – Recurso ao Departamento Nacional de Registro Empresarial e Integração. (NR)

Art. 47. Das decisões do plenário cabe recurso ao Departamento Nacional de Registro Empresarial e Integração como última instância administrativa.

Parágrafo único. (Revogado). (NR)

Art. 54. A prova da publicidade de atos societários, quando exigida em lei, será feita mediante anotação nos registros da junta comercial à vista da apresentação da folha do Diário Oficial, em sua versão eletrônica, dispensada a juntada da mencionada folha. (NR)

Art. 55. Compete ao Departamento Nacional de Registro Empresarial e Integração propor a elaboração da tabela de preços dos serviços pertinentes ao Registro Público de Empresas Mercantis, na parte relativa aos atos de natureza federal, bem como especificar os atos a serem observados pelas juntas comerciais na elaboração de suas tabelas locais.

§ 1º ....

§ 2º É vedada a cobrança de preço pelo serviço de arquivamento dos documentos relativos à extinção do registro do empresário individual, da empresa individual de responsabilidade limitada (Eireli) e da sociedade limitada. (NR)

Art. 63. ....

§ 1º A cópia de documento, autenticada na forma prevista em lei, dispensará nova conferência com o documento original.

§ 2º A autenticação do documento poderá ser realizada por meio de comparação entre o documento original e a sua cópia pelo servidor a quem o documento seja apresentado.

§ 3º Fica dispensada a autenticação a que se refere o § 1º do caput deste artigo quando o advogado ou o contador da parte interessada declarar, sob sua responsabilidade pessoal, a autenticidade da cópia do documento. (NR)

Art. 65-A. Os atos de constituição, alteração, transformação, incorporação, fusão, cisão, dissolução e extinção de registro de empresários e de pessoas jurídicas poderão ser realizados também por meio de sistema eletrônico criado e mantido pela administração pública federal.

Art. 15. A Consolidação das Leis do Trabalho, aprovada pelo Decreto-Lei n.º 5.452, de 1º de maio de 1943, passa a vigorar com as seguintes alterações:

Art. 13. ....

....

§ 2º A Carteira de Trabalho e Previdência Social (CTPS) obedecerá aos modelos que o Ministério da Economia adotar.

§ 3º (Revogado).

§ 4º (Revogado). (NR)

Art. 14. A CTPS será emitida pelo Ministério da Economia preferencialmente em meio eletrônico.

Parágrafo único. Excepcionalmente, a CTPS poderá ser emitida em meio físico, desde que:

I – nas unidades descentralizadas do Ministério da Economia que forem habilitadas para a emissão;

II – mediante convênio, por órgãos federais, estaduais e municipais da administração direta ou indireta;

III – mediante convênio com serviços notariais e de registro, sem custos para a administração, garantidas as condições de segurança das informações. (NR)

Art. 15. Os procedimentos para emissão da CTPS ao interessado serão estabelecidos pelo Ministério da Economia em regulamento próprio, privilegiada a emissão em formato eletrônico. (NR)

"Art. 16. A CTPS terá como identificação única do empregado o número de inscrição no Cadastro de Pessoas Físicas (CPF).

I – (Revogado);

II – (Revogado);

III – (Revogado);

IV – (Revogado).

Parágrafo único. (Revogado).

a) (Revogada);

b) (Revogada). (NR)

Art. 29. O empregador terá o prazo de 5 (cinco) dias úteis para anotar na CTPS, em relação aos trabalhadores que admitir, a data de admissão, a remuneração e as condições especiais, se houver, facultada a adoção de sistema manual, mecânico ou eletrônico, conforme instruções a serem expedidas pelo Ministério da Economia.

....

§ 6º A comunicação pelo trabalhador do número de inscrição no CPF ao empregador equivale à apresentação da CTPS em meio digital, dispensado o empregador da emissão de recibo.

§ 7º Os registros eletrônicos gerados pelo empregador nos sistemas informatizados da CTPS em meio digital equivalem às anotações a que se refere esta Lei.

§ 8º O trabalhador deverá ter acesso às informações da sua CTPS no prazo de até 48 (quarenta e oito) horas a partir de sua anotação. (NR)

Art. 40. A CTPS regularmente emitida e anotada servirá de prova:

....

II – (Revogado);

.... (NR)

Art. 74. O horário de trabalho será anotado em registro de empregados.

§ 1º (Revogado).

§ 2º Para os estabelecimentos com mais de 20 (vinte) trabalhadores será obrigatória a anotação da hora de entrada e de saída, em registro manual, mecânico ou eletrônico, conforme instruções expedidas pela Secretaria Especial de Previdência e Trabalho do Ministério da Economia, permitida a pré-assinalação do período de repouso.

§ 3º Se o trabalho for executado fora do estabelecimento, o horário dos empregados constará do registro manual, mecânico ou eletrônico em seu poder, sem prejuízo do que dispõe o caput deste artigo.

§ 4º Fica permitida a utilização de registro de ponto por exceção à jornada regular de trabalho, mediante acordo individual escrito, convenção coletiva ou acordo coletivo de trabalho. (NR)

Art. 135. ....

....

§ 3º Nos casos em que o empregado possua a CTPS em meio digital, a anotação será feita nos sistemas a que se refere o § 7º do art. 29 desta Consolidação, na forma do regulamento, dispensadas as anotações de que tratam os §§ 1º e 2º deste artigo. (NR)

Art. 16. O Sistema de Escrituração Digital das Obrigações Fiscais, Previdenciárias e Trabalhistas (eSocial) será substituído, em nível federal, por sistema simplificado de escrituração digital de obrigações previdenciárias, trabalhistas e fiscais.

Parágrafo único. Aplica-se o disposto no caput deste artigo às obrigações acessórias à versão digital gerenciadas pela Receita Federal do Brasil do Livro de Controle de Produção e Estoque da Secretaria Especial da Receita Federal do Brasil (Bloco K).

Art. 17. Ficam resguardados a vigência e a eficácia ou os efeitos dos atos declaratórios do Procurador-Geral da Fazenda Nacional, aprovados pelo Ministro de Estado respectivo e editados até a data de publicação desta Lei, nos termos do inciso II – do caput do art. 19 da Lei n.º 10.522, de 19 de julho de 2002.

Art. 18. A eficácia do disposto no inciso X do caput do art. 3º desta Lei fica condicionada à regulamentação em ato do Poder Executivo federal, observado que:

I – para documentos particulares, qualquer meio de comprovação da autoria, integridade e, se necessário, confidencialidade de documentos em forma eletrônica é válido, desde que escolhido de comum acordo pelas partes ou aceito pela pessoa a quem for oposto o documento; e

II – independentemente de aceitação, o processo de digitalização que empregar o uso da certificação no padrão da Infraestrutura de Chaves Públicas Brasileira (ICP-Brasil) terá garantia de integralidade, autenticidade e confidencialidade para documentos públicos e privados.

Art. 19. Ficam revogados:

I – a Lei Delegada n.º 4, de 26 de setembro de 1962;

II – os seguintes dispositivos do Decreto-Lei n.º 73, de 21 de novembro de 1966:

a) inciso III – do caput do art. 5º; e

b) inciso X do caput do art. 32;

III – a Lei n.º 11.887, de 24 de dezembro de 2008;

IV – (VETADO);

V – os seguintes dispositivos da Consolidação das Leis do Trabalho, aprovada pelo Decreto-Lei n.º 5.452, de 1º de maio de 1943:

a) art. 17;

b) art. 20;

c) art. 21;

d) art. 25;

e) art. 26;

f) art. 30;

g) art. 31;

h) art. 32;

i) art. 33;

j) art. 34;

k) inciso II do art. 40;

l) art. 53;

m) art. 54;

n) art. 56;

o) art. 141;

p) parágrafo único do art. 415;

q) art. 417;

r) art. 419;

s) art. 420;

t) art. 421;

u) art. 422; e

v) art. 633;

VI – os seguintes dispositivos da Lei n.º 8.934, de 18 de novembro de 1994:

a) parágrafo único do art. 2º;

b) inciso VIII do caput do art. 35;

c) art. 43; e

d) parágrafo único do art. 47.

Art. 20. Esta Lei entra em vigor:

I – (VETADO);

II – na data de sua publicação, para os demais artigos.

Brasília, 20 de setembro de 2019; 198º da Independência e 131º da República.

JAIR MESSIAS BOLSONARO

Paulo Guedes

Luiz Henrique Mandetta

REFERÊNCIAS

CAMPINHO, Sérgio. *Direito de empresa à luz do novo Código Civil*. Rio de Janeiro: Renovar, 2007, p. 125-126.

A Reforma da Lei das S.A. 2. ed. rev. e atual. Rio de Janeiro: Freitas Bastos, 2001.

ALMEIDA, Amador Paes. *Direito da empresa no Código Civil*. São Paulo: Saraiva, 2004, p. 200.

BALEEIRO, Aliomar. *Direito Tributário Brasileiro*. Rio de Janeiro: Editora Forense, 2007.

BAPTISTA, Ezio Carlos. *Administradores de Sociedades Limitadas* – aspectos jurídicos da Sociedade Limitada. Xxxxxx: xxxxx, xxxx, p. 167.

BORBA, José Eduardo Tavares. *Direito Societário*. 8. ed. rev., aum. e atual. Rio de Janeiro: Renovar, 2003, p. 74.

BORBA, José Edwaldo Tavares. *Direito Societário*. 15. ed. São Paulo: Atlas, 2017, p. 470.

CANTIDIANO, Luiz Leonardo. A reforma da Lei das S.A. *Gazeta Mercantil*, São Paulo, 30 set. 2003.

CARVALHOSA, Modesto. *Comentários ao Código Civil*: Direito de Empresa. São Paulo: Saraiva, 2003, v. 13, p. 513.

COELHO, Fabio Ulhoa. *Curso de Direito Comercial*. São Paulo: Saraiva, 2004, p. 482.

COELHO, Fabio Ulhoa. *Curso de Direito Comercial*: direito de empresa. 11. ed. rev. e atual. São Paulo: Saraiva, 2008, v. 2.

COMETTI, Marcelo Tadeu. O problema da dissolução irregular de sociedade no Brasil. *Carta Forense*, São Paulo, 2 maio 2017.

COMPARATO, Fabio Konder. Função social de propriedade dos bens de produção. In: *Tratado de Direito Comercial*. São Paulo: Saraiva, 2015, p. 125-135.

CORRÊA LIMA. Oscar B. 2003, p. 431 e 432.

CORRÊA-LIMA, Osmar Brina. p. 431 e 432.

DINIZ, Maria Helena Diniz. *Lições de Direito Empresarial*. 2. ed. São Paulo: Saraiva, 2010, p. 53.

ESTRELLA, Hernani. *Apuração de haveres*. p. 70)

LIMA, Oscar B. Corrêa. *Sociedade Anônima*. Belo Horizonte: Del Rey, 2003, p. 431 e 432.

MAMEDE, Gladston. *Direito empresarial brasileiro – direito societário: sociedades simples e empresarias*. São Paulo: Atlas, 2004, v. 2, p. 226.

PINHO, Themístocles; PEIXOTO, Álvaro. *A Reforma da Lei das S.A*. 2. ed. rev. e atual. Rio de Janeiro: Freitas Bastos, 2004.

PUPPIN, Alexandre. A Função social da empresa: uma nova perspectiva para o direito empresarial. *Revista de Direito*, Faculdade de Direito de Cachoeiro do Itapemirim, 2005, n. 5, p. 16.

REQUIÃO, Rubens. *Curso de Direito Comercial*, 31. ed. v. 1, rev. e atual. São Paulo: Saraiva, 2012, v. 1, p. 555.

REQUIÃO, Rubens. *Curso de Direito Comercial*. 25. ed. São Paulo: Saraiva, 2003, p. 456.

TARTUCE, Flávio. *Manual de Direito Civil*. 7. ed. São Paulo: 2017, p. 179.

TAVARES, Raul. O combate naval do Monte Santiago. *Revista do Instituto Histórico e Geográfico Brasileiro*, Rio de Janeiro, v. 155, p. 168-203, 1953.

TOMASEVICIUS FILHO, Eduardo. A função social da empresa. *Revista dos Tribunais*, São Paulo, n. 92, p. 40, 2003.

VALVERDE, Trajano Miranda. Sociedades por ações. Rio de Janeiro: Editora Forense, 1953, v. 3, p. 791.